Mein besonderer Dank gilt Andreas Neeser für das Vorwort und das Lektorat.
Yehudit Sasportas hat mit ihren Bildern das Buch um eine Dimension erweitert und mich zu mehr als einem Text angeregt.
Claudia, Lea, Silja, Alessia und Finn danke ich für die »familiäre Offenheit«.

M.R.

Bei einigen Texten in diesem Buch handelt es sich um Überarbeitungen früherer Fassungen.

In diesem Essraum gibt es wenig wurde unter dem ursprünglichen Titel *Asseln* mit dem Bettina-von-Arnim-Preis ausgezeichnet. Der Text *Nabelnarbe* von Evelyne Stäheli-Kaiser hat meine Auseinandersetzung mit Asseln sehr befruchtet.

Achten Sie auf die Haut erhielt unter dem Titel *Unter der Haut* beziehungsweise *Grillen* den Limburg-Preis und den Preis der Schweizerischen Arbeiterbildungszentrale.

Am Tag, nachdem er und fünf weiteren, hier nur zum Teil vertretenen Kürzesttexten wurde als *Passion I–VI* der Kurzgeschichtenpreis des Südwestrundfunks zugesprochen.

Das ist deine Geschichte ist eine gekürzte Version von *Steinzeit*. Der Text entstand für den Ingeborg Bachmann Wettbewerb 2002.

Bob & Marianne

Zeitlebens haben mich die Augen deines Vaters merkwürdig irritiert, flüsterte sie. Auch jetzt, da sie erloschen sind, finde ich dafür keine Sprache, außer dass ich mich diesem Blick nach wie vor nicht entziehen kann. Mir geht es genauso, sagte ich. Der Deckel schloss sich. Es war mir ein schwacher Trost.

You know, sagte der Fremde und zeigte auf das offene Fenster gegenüber, it makes me feel sick. Es sei die gähnende Leere dahinter, die ihn seit Kindheitstagen verfolge, all this blackness behind. Die Läden des Fensters zur Linken waren geschlossen. Der Mann konnte nicht verstehen, dass seine Furcht meine Zuversicht war.

Xaver S. wusste nicht, wie oft er in den vergangenen zwanzig Jahren Besuch erhalten hatte. Seit geraumer Zeit hatte die Mutter einen schlechten Fuß. Nachts rollte er die Kleider zu einer Wurst und legte sie unters Bett. Hemd und Unterhose behielt er an. Manchmal putzte er sich die Zähne. Er schlief gut und machte sich um keinen Menschen Sorgen. Das Essen war ausreichend, das Zimmer ruhig. Pro Tag gab es zehn Zigaretten. Schweres hatte er nicht erlebt. Der Kuckuck an der Wand schwieg schon lange. Dem Arzt stellte er keine Fragen.

Weshalb die Feldbergstraße so heiße, wollte ich wissen, den Feldberg sehe man von unserem Standort aus jedenfalls nicht. »Der Feldberg ist gestorben«, sagte der ältere Herr an der Bushaltestelle, offenbar ein Kleinbasler. »Der heißt jetzt Ararat. Daran ist Noahs Arche gestrandet. Zuerst sind die Dienstmädchen aus dem Badischen ausgestiegen, später die jüdischen Textilhändler, dann die Italiener, die Spanier, und jetzt die Türken, die Albaner. Und seither haben wir kein Tram mehr, dafür eine Task Force. – Kennen Sie den Witz vom Huhn mit dem Schleier?«
Ich stieg aus und ging zu Fuß in Richtung Badischer Bahnhof. Parabolantennen leuchteten auf den Balkonen über mir. Das Café Ararat war in Dämmerlicht getaucht. Im Schaufenster des Jesus Crusade Media Shop lag ein Plüschäffchen. Die Gestelle hinter den Gardinen waren leer. Aus einem Hauseingang flüsterte mir eine schwarze Frau zu: »Voulez-vous un rendez-vous?« Sie war kaum geschminkt, und in ihrem Blick lag etwas ernsthaft Abwartendes. Ich bekam weiche Knie. Am Bahnhof löste ich eine Spezialfahrkarte. Der Zug ins Wiesental wartete. Ich erwischte einen Fensterplatz und lehnte den Kopf an die Scheibe. Es nieselte, und die Landschaft zerfloss mir in ein sanft gewelltes, graues Meer. Beim Bahnhof Hausen spielte die Blasmusik. Auf einem Plakat stand: good luck. Ich schloss die Augen. Voulez-vous un rendez-vous? Der Ararat kam näher. Das Äffchen im Schaufenster nickte fröhlich.

Wenn er morgens der Stadt zu radelte auf dieser langgezogenen Straße mit ihren unmerklichen Krümmungen, wehte ihm der Wind vom Elsass her ins Gesicht, blies die Fahrer aus der Gegenrichtung förmlich auf ihn zu, ein rasches Zoom aus weitem Winkel unter der Käseglocke eines neonfarbenen Himmels in die Totale. Wer ihn kreuzte, wurde getrieben. Er aber hievte sich aus dem Sattel und strampelte, den Oberkörper über den Lenker gebeugt, der Stadt entgegen.

Abends, wenn er die volle Mappe wieder auf den Gepäckträger klemmte, hatte der Wind – Mal für Mal und wie zufällig – gedreht. Wieder ging er aus dem Sattel und stemmte sich seinem Zuhause entgegen. Mit der Zeit stemmte er sich gegen alles.

Dann kam der erste Frost. Wir trugen jetzt Wollhandschuhe. Der Harn am Kirschbaum gefror zu blassgelben Zapfen. »Jesus Maria, mein Pimmel ist dünn geworden«, sagte Großvater. In jener Nacht erzählte er mir vom Tanz an der Herbstmesse und von verpassten Zärtlichkeiten. Er wusste nicht, wer ihn geboren hatte. Manchmal hatte er sich eine sehr schmale Frau vorgestellt. Ihre Zähne waren unregelmäßig im Mund verteilt und sie roch nach Stall. Manchmal war sie weich. Sie lag in einem großen, hohen Bett, und er hörte, wie sie seinen Namen aussprach. Was für ein seltsamer Mensch, dachte ich, was für ein Träumer. Ein Nachtfalter schwirrte um die Petroleumlampe. Bedächtig leerte Großvater sein Glas. Wie still wir manchmal sein konnten.

Ein Jahr später wurde ich konfirmiert. Großvater saß mir gegenüber. Auf dem Tisch standen – neben vielen Blumen – zwei Flaschen Blauburgunder. Der erste Schluck schmeckte sauer. Es dauerte noch Jahre, bis ich den Paradieswein wirklich genießen konnte. An meiner Hochzeit. An Großvaters Beerdigung, da ganz besonders. Paradies heißt die Welt, wenn sie noch jung ist, dachte ich, als wir ein letztes Mal auf Großvater anstießen, heißt der erste Kuss, heißt Schluck für Schluck älter werden in einem Glitzern, einem Funkeln, in den Geschichten am Grund.

Wir hackten und karsteten, brachen Zweige aus, spritzten Kupfervitriol und zwickten schweren Herzens die überschüssigen Früchte ab, gingen und wachten, hörten in jede Traube hinein und wussten Bescheid.

Großvater berichtete von Seeräubern, von Fässern, die an Strände gespült wurden, vom Papst und den Tauben, vom Mond, vom Licht, von Tätowierungen, vom Schnee und den Bergen. Ich wurde älter, und Großvaters Berge wurden höher. Und eines Tages kamen zu den Bergen die Frauen hinzu. Großvater lehnte am Bottich und beschrieb mir mit funkelnden Augen die Herrlichkeit eines weiblichen Hinterns. »Ich bin mit Großmutter zum Liegestuhl gegangen», sagte er, «hier im Paradies, und wir sind zu dritt aufgestanden, mit deinem Vater in Großmutters Bauch.«

Anderntags begann die Traubenlese – Weihnachten und Fasnacht in einem. Ich war jetzt vierzehn und schleppte erstmals die gefüllten Traggefäße zum Weg hinunter. »Für jede Traube, die eine Leserin übersieht, schuldet sie dir einen Kuss«, sagte Großvater, »sonst wird aus den Reben kein Saft. – Da!« Er zeigte auf einen Rebstock, an dem tatsächlich noch eine Traube hing. Mein Kopf glühte. Das Mädchen, das davor stand, hieß Regina. Ihr Haar war ein wildes Nest. Darunter leuchtete es in hundert Blautönen: blaue Sternenaugen, eine hellblaue, über der Brust gewölbte Bluse, sanft gewölbte dunkelblaue Shorts. »Da!«, wiederholte Großvater in Richtung Regina. Der Rebberg verschwamm mir zu einem himmlischen Gewölk, als Regina auf mich zukam und ich den ersten Kuss meines Männerlebens empfing. Nächtelang rauschte er durch meinen Kopf.

Versteinerungen aus, die ich tagsüber zwischen den Rebstöcken gefunden hatte. Großvater gab ihnen klingende Namen: Belemnites paxillosus, Arietites bucklandi, Gryphaea arcuata. Wir stellten uns vor, wie riesige Tintenfische vor Millionen Jahren in einer trägen Strömung aufs Paradies zutrieben, wie die Sterne entstanden und was das Nichts ist. Oder die Ewigkeit. »Was braucht es, dass man Mensch wird?«, fragte Großvater. »Futter«, antwortete ich. »Und warum haben wir Lippen?« Ich wusste es nicht. So schliefen wir ein, auf dem Rücken, die Hände über dem Bauch gefaltet, die Köpfe voller Rätsel.

Für Großvater begann der neue Tag mit einem Schluck kalten Wassers vom Hahn außen an der Hüttenwand. Dann hockte er splitternackt in den randvoll gefüllten Bottich. Er zeigte mir, wie man dabei den Mund verzieht und mit den Ohren wackelt. Pünktlich mit dem ersten Sonnenstrahl standen wir in den Reben, in einem Meer aus Blättern und Farben. Mit Händen und Füßen bewegten wir uns von Stock zu Stock, und ich lernte die Vogelrebe im Brachstreifen kennen, Reblaus und Pockenmilbe. Abends war ich zum Umfallen müde und der Wein noch lange nicht fertig. »Was sollen wir tun?«, fragte Großvater, »du bist doch mein Gehilfe.« »Geschichten erzählen«, antwortete ich. Eine Weinbergschnecke kroch der Hüttenwand entlang. Großvater erzählte mir die Geschichte von den verlorenen Fühlern. So wuchs das Geschichtenbuch in meinem Kopf: mit jeder Erdumdrehung.

Großvater schnitt stets im wachsenden Mond. Zusammen lasen wir das Rebholz auf, bündelten es und legten zu jedem Weinstock eine Handvoll Stalldünger oder Asche. An den Stöcken ließen wir nur den besten Trieb stehen und banden ihn zum Bogen, wenn ein leichter Regen die Schoße biegsam machte.

Fuchs, den Eber, wenn du ein Nachtauge hast, ein Eulenauge?«
»Nirgends«, sagte ich mit männlich tiefer Stimme.

Aus einer Ecke zog Großvater zwei Stelzen hervor – mein Geburtstagsgeschenk. Ich weiß nicht mehr, wer bis zum Abend öfter im Dreck lag – Großvater oder ich. Jedenfalls ließ er nicht locker, bis wir es beide schafften, auf den hohen Stecken zwischen zwei Rebreihen hindurch das Paradies hinunterzustelzen. Es war mein erster Kontakt mit den Reben.

Tausend Flaschen Blauburgunder schenkte das Paradies in guten Jahren, »und für jede Flasche wird eine Sünde vergeben«, grinste Großvater in seinen dicken Schnauz hinein, als er vor der Heimfahrt an den Kirschbaum pinkelte, dass es hell schäumte am Stamm. »Das ist das Geheimnis. Der liebe Gott trinkt zu jedem Essen ein Glas Wein, musst du wissen, ich auch. Und er hat einen großen Schnauz wie ich. Vielleicht verstehen wir uns deshalb so gut. Doch sicher ist sicher: beten kann auch nicht schaden.« Er zwinkerte. Dann stiegen wir wieder aufs Motorrad. Großvater zupfte seine Mütze zurecht und wir fuhren los.

Später übernachteten wir oft im Paradieshotel – auf zwei aufklappbaren Liegestühlen. Zum Abendessen gabs Würste und Kartoffeln auf der Glut unseres Rebfeuers – und zum Dessert halbierte Äpfel, deren Kerngehäuse Großvater mit dem Militärmesser entfernte. Die Höhlung füllte er mit dunkler Crémant-Schokolade, die langsam zerfloss, während der Duft der Schokolade sich ausbreitete, die Welt zum Umriss wurde und das Paradies allmählich auskühlte.

Im Hüttchen breitete ich im Schein der Petroleumlampe die spitzen und gebogenen, spiralig aufgerollten und gerippten

»Was willst du einmal werden?«, fragte mich Großvater an meinem fünften Geburtstag. »Eichhörnchen«, antwortete ich. »Und was noch?« »König«, sagte ich, »oder Krokodil – oder lieber Gott.«
»Dann musst du ganz frei von Sünde sein – wie ich«, schmunzelte Großvater, »das muss man nämlich, um ins Paradies zu gelangen! Kommst du mit?«
Ich war mir nicht so sicher wie Großvater, aber ins Paradies wollte ich unbedingt.
»Also nichts wie los!« Schon hob er mich aufs schwarze Motorrad und klemmte mich zwischen den Beinen ein.

An der Dorfkirche vorbei brausten wir den Steilhang hinauf, bis der Asphalt in Mergel überging. Mein Hintern muss knallrot gewesen sein, als Großvater endlich vor einer winzigen Hütte stoppte. Sie war mit Wellblech eingefasst, vielfach geflickt und von einem knorrigen Weinstock umrankt. »Willkommen im Hotel zum Paradies!«, strahlte er und zog unter einem Kalkbrocken einen Schlüssel hervor. Im Innern war es dämmrig. Ein Pfosten stützte die Decke. Es roch nach tiefem, süßem Herbst. Ein alter Campingtisch, drei Schemel und eine Autorückbank bildeten die Möblierung unseres Hotelzimmers. In einer Ecke stand ein verbeulter Kochherd. Holzscheite lagen am Boden, ein Beil. »Wer sich hier nicht daheim fühlt, braucht einen neuen Kopf«, sagte Großvater. Er stellte mich ans Guckloch. »Wo sonst kannst du von einem einzigen Fenster aus auf einen Fluss schauen, der ins Meer fließt, und auf Berge mit weißen Kappen, die in einem andern Land liegen?« Ich wusste es nicht. Doch hinter den Bergen war nur noch Himmel. Also hörte dort die Welt auf. »Wo sonst klopft der Grünspecht an den Fensterrahmen, siehst du den Dachs an der Haustür vorbeischleichen, den

The Three Brothers

Village de Dieu hieß das Quartier, in das ich zufällig gelangte. Gemauerte Häuser, auf die Holzhütten folgten. Zuletzt landete ich bei den Wellblechbuden. Im Müll, der sich über den Strand ergoss, wateten Kinder. Sie rammten Stecken in den Morast und markierten das dem Meer abgerungene Land dazwischen mit Dornengestrüpp. Eine Ziege knabberte an den Dornen. Ich zog die Schuhe aus. Grünschwarze Blasen stiegen auf, während ich bis zu den Waden im Schlamm einsank. Es stank nach Moder und Kot. Fluchtartig machte ich mich auf den Rückweg. An einer Kreuzung rauchte ein Brandopfer. Erinnere dich, dass du Staub bist, stand am Eingang des Friedhofs geschrieben. Im kleinen Fluss, der das Reich der Toten vom Busbahnhof trennte, wusch ich die Füße. Gloire à Jesus, prangte mit Leuchtschrift auf den bunten Bussen, Tu es mon sauveur. Dèjè mòn gen mòn, lachte der Tabakverkäufer am Terminal, hinter dem Berg liegt ein Berg. Der Rückflug verlief ruhig. Es gab Hähnchen mit Bratkartoffeln. Den Pudding ließ ich stehen.

Unser hoher Gast hatte eine Art, das Glas zu heben und zwischen zwei Schlucken ungezwungen zu reden. Unter seinen Nasenflügeln bildeten sich kleine Fältchen. Wir konnten mit ihm über alles sprechen, er verstand alles und fand für alle eine Lösung, und als er sich von uns verabschiedete, klang unser Handschlag wie Beifall. Gehobenen Hauptes bog er ums Haus. Wir rissen die Fenster auf und winkten ihm nach.

Täglich drehte sie ihre Runde im Park, sah, wie die Knaben sich beim Brunnen balgten, und schmunzelte, als sie sich ihnen Bärte ausdachte. Sie las Schuhabsätze oder folgte dem gequälten Flug eines Lächelns von einem Bekannten zum andern. Manchmal fiel es wie Schuppen von den Menschen.

Sie saß auf der Kante des Hotelbetts. Durchs Fenster sah man den See, dahinter die bleistiftdünnen Tannen. »Ich habe dir alles gesagt«, schluchzte sie, »und du hast mich betrogen.« Die Digitalanzeige auf dem Wecker blinkte. Er zog das Stromkabel heraus und starrte aufs Wasser. Ein Schwan schwamm das Ufer entlang. »Du hast mich betrogen«, erwiderte er, »als du mir alles sagtest.«

Reglos stand er am Steg, ohne auf jemanden zu warten, die Flasche in der Hand. Das Dampfschiff hupte. Seit er krank geschrieben war, trank er bedächtig. Ein Matrose ergriff das aufgerollte Tau. Der Motor wurde gedrosselt und in den Leerlauf gestellt.
Seine Jugend war glücklich gewesen. Später hatte er Herzkranke und Verkehrsopfer mit Blaulicht ins Spital gefahren. Am schlimmsten war es, wenn es Kinder erwischte. Und wenn jemand zu Brei geschlagen oder kaputt gefahren wurde, trank er.
Das letzte Stück fuhr das Schiff antriebslos und leicht, still, beinahe blind. Einmal war er neben dem Pathologen gestanden. Die Frau hatte nackt auf einem Stuhl im Besenkasten gesessen. Ihre weißen Hände waren an die Stuhllehne gefesselt. Das Haar lag verstreut auf dem Kastenboden.
Mit einem Klatschen fiel die Schlinge um den Poller. Er war verkrustet von Möwendreck. Eine Wolke schmirgelte das Wasser. Über den schmalen, leicht rutschigen Steg ging einer an Land.

Quer durch den Wald lief er Richtung Krete. Wie jeden Abend kam sie ihm von oben entgegen, still und unscheinbar. Sie führte das Pferd am Zaum, ganz mit sich in Frieden. Hundertmal war er in Laufkleidung an ihr vorbeigerannt, bis der Wunsch in ihm aufgekommen war, wenigstens ihren Namen zu kennen.
Was er im Dorf über sie erfuhr, half ihm wenig. Sie hatte weder besonderes Glück noch Unglück im Leben, machte nie von sich reden und erkämpfte sich nirgends einen Platz, sie hatte wohl Männer und Berufe, doch mied sie vieles und versuchte niemandem etwas zu beweisen.
Als sie sich kreuzten, lächelte sie nicht, strahlte nicht. Sie war wie die Frauen auf alten Postkarten. Auf der Krete wandte er sich nach ihr um. Ein schwarzer Umriss vor dem leicht helleren Hintergrund, der langsam aus seinem Blickfeld verschwand. Anderes Leben, ahnte er, gab es nicht.

»Passen Sie auf«, ermahnte mich der Alte, »es ist glitschig.« Er ging voran auf dem verwachsenen Pfad, der sich durch Geröll und Fallholz wand. Üppig wuchs uns das Brombeergrün über den Kopf. Bei der Gabelung in der Tiefe setzte er sich auf den Grenzstein. »Mein Vater war der Einzige, den sie zu sich ließen. Kirschen pflückte er am Tag und war wach in der Nacht. Was ihn in diesen finsteren Fleck hinabführte, kann ich nur ahnen. Die Kinder spielten Himmel und Hölle hier unten im Graben. Milch trieben sie auf, Mehl und Eier, rührten sonntags einen Teig damit an, Zigeuner und Kesselflicker, Korber und Bettler, Gauner und Vaganten. Wenige kamen nach oben. Vater öffnete ihnen die Scheune. Bevor sie sich ins Stroh legten, nahm er ihnen das Rauchzeug ab.«
Der Alte blickte mich heiter an. »Ich wurde hier unten geboren, vor dreiundneunzig Jahren«, sagte er. »Der Platz war dreiundsechzig Aren klein und einer Falschvermessung der Geometer zu verdanken. Einst wurde er In der Freiheit genannt. Meinen Vater habe ich spät gefunden, nach einer Kindheit in Heimen, ein Bote zwischen Kirschbaum und Irrenhaus. Er hat mir seine Bücher geschenkt, die Werke des Flavius Josephus, geboren siebenunddreißig nach Christus, Jude. Ich habe sie mitgenommen nach Paris. Meine Mutter habe ich nie gekannt.« Er stand auf, krumm wie die Bäume am Hang. »Man hat den Fleck zu Tode korrigiert und gedrittelt unter die Anrainerkantone im Jahr 1930.« Fest drückte er mir die Hand. »Nichts ist kostbarer als ein Stück Erde, das niemandem gehört.« Der Fuchs, der an uns vorbeischnürte, hatte irgendwo hangaufwärts seinen Bau.

Nie hatte sie etwas weggeworfen, Zettel, Briefe, Zeitungen gesammelt, gebündelt und gestapelt. Die Gänge und Zimmer hatten sich im Lauf ihres Lebens zu Schlitzen verengt, in denen die Luft stand. An diesem Donnerstag sah sie im Spiegel, dass sie fast kahl geworden war. Worauf wartest du, fragte ihr Sohn, und warf das erste Bündel vors Haus. Ihr Gesicht war bis zur Kenntlichkeit entstellt.

Vor dem Nachtessen las ich die Sonntagszeitung. Wenn ein Stern seine Energie verbraucht hat, stand dort, entsteht im Himmel ein schwarzes Loch. Geraume Zeit schaute ich durch die Fensterscheibe in die aschgraue Dämmerung. Ich wurde das Lied nicht los, das Rasseln der Trommeln. Durch den Park pfeilten Schwalben – bald würden sie in Spanien den Stieren die Fliegen von den Nüstern fangen und irgendwann im November vielleicht um die Antilopen jagen, drunten bei den Chutes. Viele Oktaven unter dem Kammerton folgen sie Schallwellen, die ich nicht höre.

Le forêt mange la mission, hat der Lehrer im Auftrag des Schneiders geschrieben. Petit Paul va bien. Hier im Heim Gottesgnad lebe ich gut. Die Gänge sind sauber gebohnert. Im Saal darf man nicht rauchen. An der Wand hängt ein Bild vom General. Zum Frühstück gibts Müsli, Brot und Kaffee, Kapseln und Kügelchen in einem rosaroten Plastikbecher. Ich sitze neben dem dicken Moser. Zwei Narben hat er links und rechts an der Stirn und die Patience will ihm nie aufgehen. Das Fenster in meinem Zimmer halte ich immer einen Spaltbreit offen. Winzig wirken die Leute im Park unter den hohen, alten Bäumen.

Heute fuhr ich nach dem Morgenessen mit dem Postauto der Emme entlang. Bei einer Sägerei stieg ich aus und wanderte über eine Hängebrücke mit morschen Bohlen. Nagelfluh türmte sich dahinter auf, bewaldete Flanken und Runsen. Ein letztes Haus auf einem Wieslandstreifen, ein fein gescheitelter Garten. Ein ebenso fein gescheitelter Bub sprach mich am Gartentor an und erzählte vom Ende der Welt, von der verdunkelten Sonne, dem blutigen Mond, den Sternen, die vom Himmel fallen. Er hat keine Angst, sagte sein Vater, weil der Heiland uns beschützt. In der Schopftür steckten drei Messer. Ich ging weiter über groben Schotter dem Rinnsal der Emme entlang durch meine alte Heimat. Maulwurfshügel äugten aus den Matten. Schwarzes Gewölk steckte im Graben. Es blitzte plötzlich und krachte, und der Wind schlug mir Nägel ins Gesicht. Ich kehrte um. Wieder an der Straße, stellte ich mich unter ein Blechdach neben einen Stapel verwitterter Bretter und wartete. Der Buschauffeur fragte: Schon zurück, mein Herr? Ich war der einzige Fahrgast. Der Bus wippte um die Kurven und drückte meine Hände in die Kniekehlen. Einmal bremste der Fahrer hart. Auf der Straße lag ein Huhn. Beim Golfplatz stieg ich aus. Zwei Rasenmäher rasierten die Grashaut.

In jener Nacht verzichtete ich aufs Schach und schrieb meinem Vorgesetzten einen aufgewühlten Brief. Im Traum erschien mir das Flusspferd. Unter dem Panzer hatte es rosarote Fältchen.

Wenige Wochen danach holte die Propellermaschine der amerikanischen Kollegen mich ab. Jesus Christus gehorchen wir, unserm Herrn. Am Rand des Flugfelds sangen sie, winkten und rollten ihre Fingerkuppen über die Trommeln. A-adieu, frère Pau-au-le, dieu prendra soi-oin de vous.

Jetzt, wo es nicht mehr da ist, merke ich, wie mir das Singen fehlt. Moi makassi mingi. Alle sangen sie im Dorf, außer dem Fumu und dem Sekundarlehrer, vor der Schule, beim Wassertragen, beim Maniokstampfen. Toi makassi te. Tanzend begleitete das Dorf jedes Neugeborene nach Hause. Einem dieser Kleinen, dem jüngsten Sohn von Dada Iboy, gaben sie meinen Namen, Paul Aeby. Seine Mutter ist seit vier Monaten tot. Eine Kopie des Berichts aus Mainz traf vor Tagen ein. Das Molekül in ihrem Hirn sei ohne Vorbild. Ein Schelmenstreich der Natur. Ein Rätsel. Ein böses Unikum. Verwandt vielleicht jenem Keim, der jahrhundertelang nur eine Tierart quälte, das Schaf, das Lamm Gottes, bis er ins Futtermehl der Rinder gelangte und Abertausende Tiere kopfscheu machte, mit Juckreiz und Zähneknirschen peinigte bis zum endgültigen Festliegen.
Doch ein anderer Winzling von einem Molekül soll der Frau des Schneiders den Appetit verschlagen haben. Wenn überhaupt. Ablagerungen am Streifenhügel des Großhirns. Sperrmüll in den Nervenzellen. Löcher auf dem beigelegten lichtmikroskopischen Bild. Von faszinierenden Überschneidungen im molekularen Bereich spricht der Bericht. Es tut uns Leid, Ihnen keinen eindeutigen Bescheid geben zu können.

Wie gewöhnlich legte ich mich an jenem Sonntag um Mitternacht ins Bett, las noch eine Viertelstunde und schlief danach rasch ein. Plötzlich würgte mich etwas am Hals. Ich muss für unbestimmte Zeit das Bewusstsein verloren haben. Du hast geträumt, dachte ich, als ich erwachte. Doch die Würgespuren am Hals waren unübersehbar. Mit hochgestelltem Haar saß Arno unter dem Tisch. Das Fell meines Sennenhundes war wie mit Maniokmehl eingestäubt. Haare können über Nacht nicht ergrauen, hatte ich in einer Zeitschrift gelesen. Aber Arno war ergraut. Im Wohnzimmer fauchte die Katze. Ich öffnete die Tür ins Freie. Unter dem Affenbrotbaum stand ein Mann. Was willst du, rief ich ihm zu. Er regte sich nicht. Ich warf ein Holzstück nach ihm, worauf er furchtbar lachte. Dann war er weg, wie vom Erdboden verschluckt. Unter dem Baum aber fand ich eine kleine schwarze Holzstatue. Ich habe sie noch heute.

Wochen später ging ich mit Dada Iboy zum Fluss. Die Turbine war defekt. Drei Männer kamen uns entgegen. Den mittleren erkannte ich sofort. Er habe seinem Onkel von meinem Wunsch berichtet, sagte der Schneider bei den Felsen. Du darfst frère Paul auf keinen Fall töten, habe er ihn ermahnt.
Lange hockten wir auf den Steinen. Ich erzählte Dada Iboy von unseren Märchen und Sagen, von den Nixen im Wasser, den Elfen im Sorbachgraben, die das Weidvieh bewacht hatten, bis ihnen einer aus Neugier nachgeschlichen war, ein Bauer, worauf sie für immer verschwanden. Der Schneider strahlte und zeigte auf den Wasserfall: Tu les vois là bas? Elles aiment les chutes.

Köpfen zottelten sie davon, aber das Kleid erhielt ich nicht zurück, da half auch die Hausdurchsuchung nichts, so dass ich Papa Njessi Zaunpfähle einschlagen ließ ums Haus und Louis Tambula in einem Soldatenmantel zum Nachtwächter beförderte. Mit einiger Geduld brachte ich ihm die Achtungsstellung bei. Zum Schluss lud ich meine Pistole und entfernte die Bilder und Skulpturen aus der Kirche, mitsamt den Holzelefanten, die den Altartisch stützten.

Doch ich schweife ab.

Am Sonntag nach dem Diebstahl – wir spielten Schach wie üblich, und der Schneider war eben daran, mich erstmals zu besiegen – zuckte er plötzlich zusammen: Hörst du den Vogel da draußen?
Solche Vögel hört man hier immer, entgegnete ich, ganz gewöhnliche Rauchschwalben, kommen vielleicht sogar aus der Schweiz, aus irgendeinem Kuhstall.
Dada Iboy zitterte. Ich wunderte mich, war er doch ein Vogelnarr, der Stimmen täuschend echt nachahmte. Er sehe den Gesang in seinem Kopf, hatte er einmal gesagt, als ich ihm ein Tonband mit unseren Vogelstimmen abspielte und er sie mit geschlossenen Augen nachträllerte, Rotkehlchen, Tannenmeise, Mönchsgrasmücke. Auch das Schachspiel wurde für ihn zusehends zum Bild – nie mehr sollte ich fortan gegen ihn gewinnen. Schachmatt, frohlockte er nach jedem Sieg und rieb das »ch« am Halszäpfchen.

Um neun Uhr lieferte das Motörchen Licht in meine Stube. Es war der erste elektrische Strom im Dorf. In den Palmen richteten sich die Webervögel ein für die Nacht. Im Schein der Wohnzimmerlampe stellte ich mit Dada Iboy die Schachfiguren auf. Das halbe Dorf staunte durchs Fenster. Ich hatte die weißen Figuren gezogen. Doch ich spielte unkonzentriert. Der Schneider nahm mir einen Bauern nach dem andern ab, attention au cheval, frère Paul, au fou! Nach 23 Zügen bot ich ihm erstmals das Remis an. Vergiss ndoki nicht, ermahnte ich ihn, als er nach Hause ging. Wenig später kam der Chauffeur bei mir vorbei, Dada Lusoki. Er brachte zwei frisch geschossene Affen und wollte bongo für seinen Sohn, Geld für die Schule. Nach zehn Uhr klopfte der Fumu an die Tür und verlangte Tabletten. Bring deine Frauen mit, auch die jüngeren, sagte ich, dann wirst du behandelt. Die Krankheit habe er abends bei einem Spaziergang aufgelesen, meinte er trotzig.

Kurz nach Mitternacht erschien das Flusspferd vor dem Fenster, auf dem gleichen Trampelpfad, der bis zum Bau der Missionsstation mitten durch die Stube geführt hatte. Durchs neue Licht ließ sich das Tier nicht irritieren. Es gibt nichts Stureres als Flusspferde, vom Wasser her, dem Wasser zu.

In jener Nacht wurde erstmals bei mir eingebrochen. Ein weißes Kleidchen hat man mir gestohlen, einfach aus der Vorratskammer geholt, aber so ungeschickt, dass ich den Verlust sofort entdeckte und am folgenden Morgen das ganze Dorf der Größe nach vor mir versammelte und alle sich ausziehen ließ, bis auf den Fumu. Je cherche le vêtement blanc, warf ich ihnen an den Kopf und zitierte aus dem »enfant obéissant«. Mit hängenden

Eine kleine Turbine wollten wir also bauen. Dada Iboy und Papa Njessi schubsten meine Kisten durch ein fleischiges, abgründiges Meer von Pflanzen, zerrten sie zum Fluss, der dort über Felsquader stiebt und in einer schmalen, tiefen Rinne verzischt. Unterwegs wurden wir angelacht von barfüßigen Frauen. Kannen, Krüge, Kessel balancierten sie auf den Köpfen hinauf zu den Feldern. Lachend klopften sie mir auf den Bauch, ah, frère Paul, vous attendez un enfant? Moi makassi mingi, sangen sie im Hinaufgehen, ich bin stark, toi makassi te. Ich setzte mich auf einen Steinblock. Die Tonleiter des Luadi übertönte das Klopfen meines Pulses. Erstmals war ich hier unten am Fluss. Meine Gedanken waren bei ndoki. Il faut chanter, frère Paul, riet Dada Iboy mir, quand les crocos viennent.

Ein winziges Turbinchen bastelten die beiden schließlich zusammen, ohne Stauen und Ausbaggern. Auf dem Rückweg zeigte mir Dada Iboy den trou de dieu, ein Meteorkrater wohl, und einen Baum, an dem verschiedene Blätter wachsen. M'bote, m'bote, rief mir der Wasserträger zu, der mit zwei Kesseln zum Fluss eilte, um Wasser zur Station zu schleppen. Ich machte mich auf zu meiner WC-Tour, kontrollierte die Strohkabäuschen hinter den Hütten, verschonte auch den Fumu nicht, den tripperbefallenen Häuptling. Ein Katzenjammer, diese tägliche WC-Aktion. Zu kleine Löcher, keine Deckel. Wie so oft berief ich zu guter Letzt eine Réunion ein: Wenn das nicht bessert, gibts keine Wurmmittel mehr. Dada Musambi stimmte ein Lied an über Hygiene. Unterdessen verbissen sich die beiden Frauen des Lehrers ineinander. Nach dem Lied gabs Malaria-Tabletten und Tröpfchen für die Kleinen. Der Fumu beanstandete, dass immer nur die Kinder Mittel bekämen.

Wieder im Flugzeug, fragte mich Dada Iboy: Le cerveau, à quoi sert-il?
Le cerveau sert à penser, erwiderte ich nach einigem Zögern. Während wir auf die holprige Startpiste hoppelten, murmelte er: Le cerveau sert à servir. Und als wir unter Gedröhne abhoben: Le cerveau – c'est dieu.

Ein paar Tage später sagte ich zum Schneider: Alle im Dorf reden über ndoki. Ständig. Wenn ein Kind munter zur Welt kommt und plötzlich aufhört zu atmen, rufen sie ndoki. Wenn eine kerngesunde Frau nach dem Entbinden stirbt, verwerfen sie die Arme, rollen die Augen, ndoki. Ich möchte auch einmal ndoki erleben. Dada Iboy schaute mich entgeistert an.

An diesem Tag wollte er unten bei den Wasserfällen die Fünfkilowattturbine montieren, die mir ein Rotary-Club anlässlich meiner letzten Vortragsreise geschenkt hatte. In meinen Heimaturlauben sammelte ich stets alles Erdenkliche für meine armen Leute, klopfte bei Firmen an, bei Stiftungen und Privaten. Mit Bibeln, Gesangbüchern, Mützen stopfte ich meine Überseetruhen, mit Polaroidfilmen, Unterwäsche, Billiguhren. Die Schweizer Armee steuerte Ordonnanzschuhe bei, Biskuits und Schokolade, die mein Boy, Papa Njessi, zu Mousse verwandelte.

Am begehrtesten waren die weißen Taufkleider. Die Frauen rissen mir die gestickten Häubchen förmlich aus den Händen. Doch dafür galt es vorgängig zu arbeiten, und Disziplin ist nicht ihre Stärke. Sie singen und lachen und säen im Zickzack, kümmern sich nicht ums Setzholz und gönnen den Unkräutern eine sorgenfreie Vermehrung.

An der Eingangspforte wurde Dada Iboy ein Fragebogen vorgelegt. Der Schneider konnte nicht lesen. Die Schrift interessierte ihn nicht. Das Vaterunser leierte er mehr herunter, als dass er es sprach. Die Kirchenlieder sang er in Lingala, und was er hinzudichtete, wird den Vater im Himmel kaum erheitert haben. Die Männer jedoch lachten schallend, und nach dem Segen wischten sie den Herrgott beiseite, wie man einen Duschvorhang wegschiebt. Sie ließen sich wohl taufen und nahmen das Abendmahl entgegen, doch zum Gottesdienst erschien kaum einer in dunkler Hose und Krawatte, die der Schneider ihnen von Hand genäht hatte auf Kosten der Mission.
Ich beantwortete die Fragen für Dada Iboy. Die Frau nahm keine Verhütungsmittel. Sie brachte fünf Kinder zur Welt. Männer hatte sie viele. Dem Sekundarlehrer musste sie sich noch in der Schulzeit hingeben, um ein Schreibheft zu erhalten. Der Siegrist legte sich auf sie in der Sakristei. Der Fumu treibt es mit allen.

Vor der Sektion schickte ich Dada Iboy auf den Grand-Marché. Im Operationssaal tropfte es von der Decke. Das mittägliche Gewitter stand unmittelbar bevor. Der Chefarzt, die Hände mit Kettenhandschuhen umpanzert, schnitt Mama Iboy die Schädelkalotte auf und tauchte das Gehirn in Ameisensäure. Der graue Schwamm hatte unter dem Mikroskop Löcher. Der Herr gebe ihr den ewigen Frieden.
Es ist wohl kaum Aids, sagte der Arzt, ein Deutscher. Er versprach mir, Hirngewebe an die Universitätsklinik in Mainz zu schicken. Mama Iboy wurde in einen Plastiksack verpackt und trotz des Schneiders infernalischem Geschrei – sie wollen ihre Ahnen in der Nähe haben und sie nie vergessen – im Krematorium unter Aufsicht verbrannt.

sangen sie auf dem Weg des Todes, von sechs Uhr abends bis sechs Uhr in der Früh, trommelten, stampften, tanzten sich in Trance, eh Nana Nyepe, me wua Nana Nyepe, tranken Palmwein und Bier und verspeisten, was der Ndele sie hieß. Die armen Seelen!

Zwei Bibelverse las ich und sprach ein gutes Gebet. Wieso ich die Buschmaschine der amerikanischen Missionskollegen anforderte, weiß ich nicht mehr. Der Tod gehört ja zu diesem Dorf wie die Buschfeuer und die streunenden Köter.
Wir verstauten Mama Iboy im Bauch der Maschine. Mit dem Schneider setzte ich mich hinter den Piloten. Vom abgeholzten Hochplateau, aus dem die Maniokhaufen aufblitzten, hoben wir ab, haarscharf an einer mit Buschwald besetzten Anhöhe vorbei. Braune Flecken hin und wieder, verlassene Siedlungen, die den Zecken zum Opfer gefallen waren. Weit breiteten sich gegen Mittag die Schachbrettmuster der Cités von Kinshasa unter uns aus.

In einem schrottreifen Taxi fuhren wir an zerfetzten Blechdächern vorbei. Kindersoldaten standen an den Kreuzungen und schwangen ihre Macheten. An einer Straßensperre wurden wir gestoppt. Ein fuchtelnder Einbeiniger verlangte fünfhundert Zaïre. Die Schlaglöcher habe er eigenhändig gestopft. Als er meine Missionstracht sah, ließ er uns ziehen. Der Taxichauffeur forderte die doppelte Summe vor dem Spitalportal. Ganze Schubladen voller Scheine hatte ich den Schneider Jahr für Jahr wechseln lassen, schwarz, auf dem Grand-Marché.

Nein, Sensationen gab es nicht. Aber nachts, wenn wir spielten, waren wir wie Vögel, der Schneider Dada Iboy und ich, geräuschlos und ohne Schwere. Zhinabukete war meine letzte Station und der Schneider der beste Spieler der Mission – wie Sie hier unter den Pflegern im Heim der beste Spieler sind. Hin und wieder tranken wir ein deutsches Bier, bis auch das ausging.

Ein Zucken war es um verquollenes Weiß, in dem die Pupillen ertranken. Der Rest Reglosigkeit. Ein Morgen im späten Mai. Die Frau des Schneiders lag auf der Bambusmatte unter dem Papaiabaum, neben einem Becken mit Bohnenkernen, Speichelfäden zwischen den Lippen, unfähig, auch nur zu flüstern. Ein paar halbnackte Hühner liefen um sie herum. Der Allmächtige ist barmherzig, sagte ich, aber du hast gesündigt. Gottes Zorn enthüllt sich vom Himmel her, Römer 1, 18, über alle Gottlosigkeit und Ungerechtigkeit der Menschen. Du hast mit anderen Männern geschlafen!
Die linke Hand hatte sie von sich gestreckt, zur Faust geballt, mit der rechten umkrallte sie die Rippen. Die Beine hatte sie unters Kinn gezogen, ein verschnürter Gegenstand von 39 Kilogramm, kaum 24 Jahre alt. Sie, die das Gesangbuch auswendig kannte und ihre Wäsche stets singend aufhängte, sang nicht mehr. Einwandfrei war ihr Französisch bis in die weichen Endungen des Subjonctif, que vous soyez heureux, frère Paul, und doch rief Gott sie noch vor Mittag zu sich.
Lass die Finger von ihr, schrie ich den Ndele an, den Medizinmann, der sich murmelnd näherte. Ich wusste um das Werkzeug in seinem Gewand. Zu oft schnitt er hinter meinem Rücken aus den noch warmen Toten, was er aus seinen Zeichen las. Dann

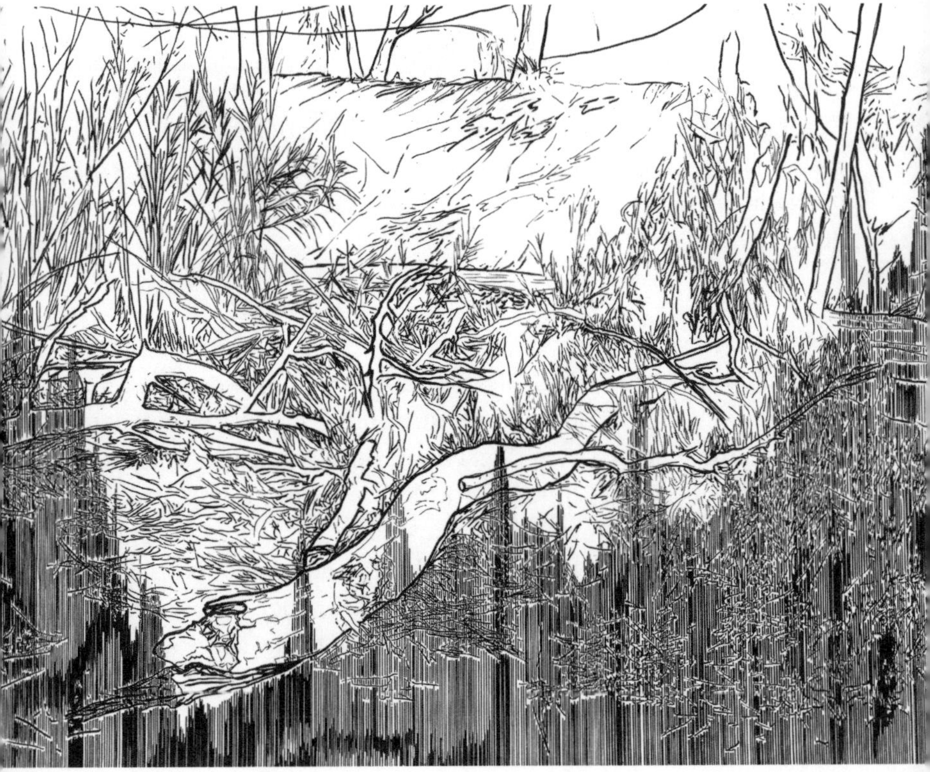

Weeds

Nachts lädt er im Flughafen Frachtmaschinen aus. Wenn ein Container zu kippen droht, schimpft ihn der Elsässer Bebbisack. Er schimpft zurück: Waggis. Zusammen teilen sie eine Kiste Bier pro Schicht. Um Mitternacht gibts in der Kantine Kaffee und Kuchen.
Jetzt ist Tag, und er sitzt mit acht andern in der Schule. Das erhöht die Chance auf dem Markt, sagt die Feinwimprige vom Arbeitsamt. Die Lehrerin hat eine Speisekarte in die Stunde mitgebracht, dazu Esswerkzeuge. »Wie schreibt man Messer?«, fragt sie dicht an seinem Pult. Er hebt den Kopf. Das Messer, das sie ihm auf Augenhöhe entgegenstreckt, ist eher klein, ein Rüstmesserchen vielleicht.
»Messer schreibt man mit zwei s«, sagt er, »also schreibt man ein kleines Messer mit einem s. – Kann man Sauce auch aufschreiben?«
»Was denken Sie?«
»Ich glaube, man kann alles aufschreiben«, erwidert er zögernd.
Am Schluss kommen sie zum Dessert. »Schreibt mal Schwarzwäldertorte«, ermuntert sie die Lehrerin. »Denkt daran: Dinge, die man anfassen kann, schreibt man groß.« Kann man eine Schwarzwäldertorte anfassen? Nur der Elsässer tut das.
Er beugt sich schützend übers Blatt. Schwarzwäldertorte isst man mit dem Löffel.
»Lesen und schreiben können«, beendet die Lehrerin die Stunde, »ist wie essen mit Messer und Gabel.«
Er wird ein großes Stück Schwarzwäldertorte bestellen in der Kantine und eine Gabel aufs Tablett legen. Der Elsässer wird sich wundern.

Nach einer grauen Periode war es nun blau und sonnig, und die Jurahügel glitzerten vom schmelzenden Schnee. Doch die Wetterfee beharrte auf Sturm. Beim Versuch, ans Fenster zu gelangen, fiel er um. Er rauchte am Boden und ließ Stuhl und Urin unter sich. Später schluckte er zwei Antidepressiva, ein Neuroleptikum, einen Stimmungsstabilisator, ein Schlafmittel, dazu Schmerzmittel und lebenserhaltende Medikamente. Die Wetterfee sprach von Polarwinden. Das Fernsehen macht uns kaputt, sagte er zur Schwester. Es ist doch nur das Wetter, lachte sie. Warum stellen Sie es nicht einfach ab?

Mit gefalteten Händen saß sie ihm gegenüber. Dann, blitzschnell, packte sie ihn, drückte ihn aufs Bett und ließ ihn nicht mehr los. Ihr Mund an seinem, kam sie ihm vor wie von einer fremden Galaxie, ein gepanzertes Insekt, ein Wüstentier. Rühr dich nicht, warnten ihre kugeligen Augen, während ihre Nägel sich in seine Haut gruben. Das Blut wich ihm aus Gesicht und Händen. Sie wird mich fressen, durchfuhr es ihn, mit Stumpf und Stiel, eine falsche Bewegung, und es ist um mich geschehen. Die Paarung dauerte ewig. Er war uralt, als sie nach seinem Kopf griff.

Mit den Jahrzehnten war das Ehepaar unzertrennlich geworden. Die Operation wurde unumgänglich. Sie verbluteten beide.

Mein Patenkind lag am Boden. Mit der Faust umklammerte es den roten Stift. »Ich muss da ankommen, wo ich angefangen habe«, sagte es und klemmte die Zunge zwischen den Lippen ein. Es zeichnete mich im Kreis. Die Beine hingen am Kopf, zwei dünne Fäden, die Arme standen waagrecht ab und mündeten in gespreizte Riesenfinger. Dazwischen war ich leicht. »Du bist so schön«, sagte mein Patenkind, »wie die Sonne.« Ich hatte keine Haare und keinen Boden unter den Füßen. Frei schwebend umarmte ich die Welt.

»Manchmal rieche ich es noch«, sagte der alte Mann, der mich durch die Dachwohnung führte, »auch wenn die Zwischenwand längst verschwunden ist.« Das Fräulein habe das Versteck im Dachstock eigens für diesen Herrn errichtet, der während des Kriegs übers Elsass ins Dorf gelangt sei, heimlich, da ihn in Deutschland der sichere Tod erwartet hätte. »Lange ging alles gut. Hinter der Wand hat sich der Herr mit der Herstellung von Parfum beschäftigt. Der Stoff hat schließlich die Falschen angelockt. Ich war achtjährig und dabei, als man ihn verhaftete.« Ohne den Herrn, habe das Fräulein bei der Verhaftung gesagt, sei ihr die Herstellung ihres Parfums unmöglich. Von note de tête habe sie in hohem Ton geredet, note de coeur, note de fond. Entscheidend sei, was auf der Haut haften bleibe, wenn sich Kopf- und Herznote verflüchtigt hätten. Darauf habe das Fräulein umständlich gebeten, man möge dem Angeklagten, der imstande sei, dreitausend Gerüche zu unterscheiden, zwecks baldiger Heirat eine Aufenthaltsbewilligung erteilen.

Weshalb sich der Gemeinderat habe betören lassen, einem ohne Papiere Zugereisten diese Bewilligung zu erteilen, sei ihm bis heute schleierhaft, sagte mein Vermieter. Das Fräulein habe in der Folge eine Fehlgeburt erlitten. Danach habe sich ihre Spur verloren – bis auf diese note de fond. »Verstehen Sie vielleicht«, fragte er mich bei der Schlüsselübergabe, »warum sich Menschen so viel Mühe geben, nicht nach Mensch zu riechen?«

Kerzen flackerten und Engel flatterten auf beim Starten der Seite, beflügelt von einem Streichorchester. Er hatte seine Festplatte systematisch nach Erinnerungsstücken durchsucht: E-Mails, Bookmarks, Ranglisten. Das Familienalbum war mit einem Link erreichbar – die glücklichen Momente seines Lebens, durch die Kegelpokale und den Teddybären aus Kindertagen ins Schmerzliche gesteigert. Das Gästebuch hatte er mit »Reflections« betitelt. Anteilnahme aus aller Welt war willkommen. Der tägliche Backup war gesichert. Wer immer wollte, schrieb an seinem Nekrolog mit. Am Zählerstand las er die Zahl seiner Besucher ab, wie an den Steinchen auf dem jüdischen Grabhügel. Tausenddreihundertneununddreißig. Er grüßte die Welt mit einem Lächeln. Yours, virtually.

»Kennen Sie das Sprüchlein?«, fragte mich die Frau und umklammerte ihre Handtasche: »Es rägnet uf der Brugg und isch nid nass – ich ha öppis vergässe und weiss nid was.« Unter uns schwammen zwei junge Haubentaucher. »Hier wurde mein Sohn zurückgewiesen«, sagte sie jetzt lauter und beugte sich hinunter zum eingerüsteten Wehr, »wie ein Landstreicher. Der Sog ist stark. Er trieb in einem Sack mit Steinen. Die Strömung machte ihn leicht. Aber da unten hat der Fluss für ihn aufgehört.« Ein Weidling stachelte dem Ufer entlang. Im Abendlicht begann sich die Haut des Flusses zu röten. »Er hatte nur Zement im Kopf, zeitlebens, Beton und Zement, eilte von Baustelle zu Baustelle. Irgendwann wurde ihm der Kopf zu schwer davon, mischte und mahlte in einem fort, Wasser und Kies und Sand. Doch den Sack füllte er mit Kalkbrocken, der Bub, mit hellem Jurakalk. Und jetzt wird die Brücke verstärkt. Die von der Konkurrenz füllen den Beton in die Streben. Beben sind in dieser Gegend selten, aber ohne Vorwarnung möglich. Plötzlich bewegt sich der Boden. – Er trug seine Lieblingskrawatte. Sie war blau und voller kleiner Elefanten, die auf gelben Bällen jonglierten.«

Kaum hatte er erkannt, wem er im Zugsabteil gegenüber saß, legte er sich aufs Polster und sperrte den Kiefer auf. Nehmen Sie mich, wie ich bin, sagte die Frau nicht ohne leises Entsetzen. Er öffnete den Mund noch weiter. Es knackte. Speichel floss. Sie dürfen spülen, flüsterte sie ihm ins Ohr, stand auf und griff nach ihrem Mantel.

Jeden Mittwoch um 14 Uhr besammelten sich die Turnveteranen bei der Bushaltestelle. An ihren Hüten steckte das Abzeichen des Vereins. Unterwegs erinnerten sie sich und gestikulierten vor Wegweisern. Die meisten trugen Pulsmesser. Kannst du den Mund halten, fragte einer den Nachbarn. Ja, sagten sie im Chor.

sen des Stiefels im Lehm, wenn er sich festsaugt. Das Einfache hat besser in ihr Platz als das Komplizierte. Wenige Töne. Kaum Farben. Tropfen und Stiefel. Assel und Mine.
Noch fehlt ihr das Gefühl für die rechte Zeit und den Raum, die Nische. Ihre Finger kreisen auf der Brust. Kleinigkeiten, Nichtigkeiten, die nichts mehr bedeuten.

Ich schiebe den Aufbruch vor mich her, schreibt sie, mein Rücken ist vom Liegen und Kauern brettig geworden. Sonne und Wind drücken. Auf einem Feld fand ich einen Arm neben einer Sichel. Ich sah einen Mann hinter dem Arm herhüpfen und vergeblich nach ihm greifen.
Das Gerücht kursiert, dass einer jeder Mine, die er vergrub, den Namen einer Frau gab. Auch eine Art Besessenheit.
Unter dem Mikroskop, habe ich unlängst gelesen, sind Krebszellen unbeschreiblich schön.
Ich soll mehr trinken, sagen die Männer.
Sonst trockne ich aus.

Er schweigt. »Der Ort ist wichtig. Er war ganz mit Leben gefüllt.« Ihr Mund ist leicht offen. »Mut braucht es nicht. Man lässt etwas hinaus. Aber was?« Sie blickt über den Fluss. »Man kann sie wieder nachbilden. Sogar die Warze einsetzen.«
Eine Kellerassel bewegt sich über die Bahre, schiefergrau und platt. Sie entdecken sie gleichzeitig. »Wenn man berührt wird, hat einer einmal geschrieben, ändert sich die Zeit. – Wissen Sie, dass die Kellerasseln ihre Jungen mit sich tragen, in einem Brutraum am Bauch?« Er schüttelt den Kopf. »Es sind viele hundert. Sie häuten sich mehrmals. Droht Gefahr, fliehen sie durcheinander ins Dunkel.«

Die meisten Wege sind Wege das Wassers. Dort, wo es sich heimlich zurückzieht, in einem Jahr, einem Jahrtausend, macht es die Welt unter der Erde gangbar. Narben. Schrunden. Höhlen. Es gibt Berge unter den Bergen. Einer, ein lehmiger Klotz, wird von den Einheimischen Daumen genannt. Zuoberst eine fast kreisrunde Felsplatte. Ein Wasserbecken in einer Einbuchtung am Rand, in das – in welchem Abstand? – von der Decke ein Tropfen fällt.
»Die Platte erinnert mich an unseren Altar. – Ich will dich nicht bekehren«, sagt sie zu Haf Ramal. »Aber dies ist ein besonderer Ort. Wenn du zurückkehrst, dann um dir zu beweisen, dass sich nichts verändert hat, außer dem Abdruck der Stiefel im Lehm.« Später, im Schlafsack, denkt sie die Liebe. Einen Zungenschlag lang wäre sie bereit. Die Lust eher ein Strom als ein Bild. Dann ist es schon wieder zu kalt. Ist es die Kälte, die das Miteinander ausmacht? Das Aushärten von unten? Jetzt, da sie die Töne vor dem Einschlafen zählt, sind es nicht viele. Sie ergeben eine einfache Melodie. Einen Singsang. Der Wassertropfen. Das Gluck-

wie die Kerne einer Frucht. Die meisten Länder verwenden das gleiche System. Auch die Schweiz.

Am schwierigsten sind die planlosen Labyrinthe. Bei der letzten Explosion war kein Teil der beiden Kinder größer als der kleinste Finger ihrer Hand. All die Löcher in der Landschaft, so nah beisammen, dass nichts mehr zusammenhält.

Nachts trinken die Männer Bier. Der Major ist der Einzige, der sie siezt. »Als Soldat«, sagt er, »war ich froh, solche Dinger auf meiner Seite zu haben ... Wie viele haben Sie schon gefunden?«
»Wozu zählen?« Jährlich werden hunderttausend vernichtet – und zwei Millionen neu gelegt.
Unter jeder Hülle, jedem Mantel, jeder Haut ist eine Nähe, die ihr keiner gibt.

»In Herat«, sagt sie zu Haf Ramal, »hat der Wind mich auf den Boden gepresst. Hinter mir hat sich eine Düne angelagert. Und wieder dahinter schleppte sich eine Mine ans Tageslicht – eine Schildkröte, an deren Bauchseite die Feuchtigkeit der Tiefe haftete. Damals wurde ich auf die Asseln aufmerksam. Sie begleiten die Minen. Hast du das auch schon beobachtet?«

Sie sitzt auf dieser zurückgelassenen Bahre am Fluss. Die Saison ist bald zu Ende. In wenigen Wochen wird der Schnee meterhoch liegen. Im Tal bedauern dies viele. Kein Pfad hier. Kein Haus. Das Oberteil des Bikinis liegt im Gras. Der Major starrt hin, dann weg – und wieder hin. Mit dem Badetuch wischt sie sich über die Lippen und schiebt den Kopfhörer in den Nacken.
»Es brennt bis in die Zunge. Wollen Sie die Wunde berühren?«

»Unsere Schutzwesten sind die dicksten. Wir bevorzugen Familienväter. Die schwenken die Minen nicht wie Einkaufstaschen. Moçambique ist komplizierter. Angola. Nachts legen sie dir neue Sprengkörper ins geräumte Feld.«
»Du passt nicht in diese Gegend«, sagt sie.
»Die Arbeit ist krisensicher. Ich habe vierzehn Einheimische. Leicht schaffst du zehntausend Dollar im Monat.« Unter seinem Arm klemmt ein gebundenes Mäppchen.
»Ich machs für sechshundert – Euro.« Ihre Beine zeichnen ein V in den Flusssand. Stoppelfelder dahinter. Ruinen und Abfall. Es gibt Leute, die man immer wieder sieht. Laos, Kambodscha, Bosnien. Afghanistan, Moçambique.
»In einem Jahr«, sagt der Engländer, »ist das hier der sauberste Fleck der Erde.«
Eine Assel stochert in einer Ritze. Sie hat eine Luftröhre an den Außenästen der Hinterbeine. Luftgefüllte Höhlen, sichtbar als weiße Körper. »Sie sucht Abgestorbenes«, sagt sie. Was passiert, wenn der Block auch austrocknet? »Einmal hat einer einen Strunk ins Feuer geworfen. Erst in den Flammen hörst du sie. Schrill wie Grillen. Nur viel leiser.«

Wenn sie lang liegt, spürt sie die Rippen. Es sticht ins Schlüsselbein. Die Erde ist zum Sieben fein. Winzigste Versteinerungen, zurückgelassen von einem längst vergessenen Meer. Die meisten Minen reihen sich zu Ketten aneinander. Oder sie breiten sich in Gittern aus. Landminen, harmlose Pucks scheinbar. Sie kosten weniger als einen Dollar das Stück. Einfache Minen. Andere explodieren erst auf Gesichtshöhe. Es gibt welche, die sich wie Sonnenblumen dem Opfer zuneigen, und ausgefranste Clusterbomben, in deren Innern die Bomblets zu Hunderten liegen

Blütenstaub wirbelt auf und kitzelt. Ein Sandkorn reibt die Netzhaut. Sie unterdrückt den Husten im Hals. Aus dem rechten Auge löst sich eine Träne.

Auf dem Bauch liegend köpft sie Gräser und Buschwerk mit einer Schere und schneidet sich zentimeterweise eine Schneise ins Dickicht. Nicht alles, was man plant, wird Wirklichkeit. Aber es gibt dem Tag einen Rahmen. Könnte man, wenn man mit dem Ohr noch näher heranginge an den Plastikpanzer, den Funken springen hören? Es ist ein langsames Spiel. Der Himmel veilchenblau. Drei Stunden für einen Quadratmeter. Die Natur ist an vielen Stellen rascher, das Moos, die wuchernden Ranken. Einmal flog ein Esel in Stücken durch die Luft. Ein anderes Mal trug sie eine junge Frau vom Feld in ein nahes Haus. Sie hatte beide Beine verloren und ein Auge. Fliegen umkreisten ihre Beinstummel. Die Frau war so still und leicht, dass sie das Gewicht in ihren Armen nicht spürte.

Mit den Fingerspitzen bricht sie die Erde auf und denkt sich Stimmen aus für diese Stille, Stimmen von Tieren. Sie geben dem Raum Weite, dadurch, dass sie stets aus der Ferne ertönen.

Wenn sie in die Stadt fahren, um einzukaufen, kommt es vor, dass sie auf dem Rückweg singen. Ohne dass er es merkt, ballt der Major die Faust.

»Schau«, sagt sie zum Engländer. »Ein letzter feuchter Holzblock in einem ausgetrockneten Fluss genügt. Sie brauchen die Feuchtigkeit, da sie noch mit Kiemen atmen.« Er lacht, den leeren Kaffeebecher in der Hand, tätowierte Adler an beiden Oberarmen: »Wir finden die meisten Sprengköpfe.«
»Ihr räumt hastig und unvollständig.«

sie unter einer Mine, die in einem Reisfeld lag. Besonders die Kellerassel ist weit verbreitet. Auch der Mauerassel bin ich oft begegnet. Die Kugelassel hat die Fähigkeit, sich bei Störungen zu einer festen Kugel einzurollen.

Einer liebt sie abgöttisch, ein alter Major aus Belgien. So ungeschickt wie seine Finger sind seine Sätze. Sie werden nie rund. Er lässt alte Platten laufen, indem er mit der Faust auf den Musikautomat neben dem Ofen haut. Aus dem Plattenteller lösen sich die Töne ächzend, dann zunehmend weicher. »Sie wissen«, sagt sie zum Major, »ich tanze nicht.« Der Holländer sitzt daneben. Auf dem Tischtuch sind Minenfelder eingezeichnet. »Eine Frau hat hier doch nichts verloren.« Ein alter Satz. Der Holländer hat Brandwunden im Gesicht. »Ich war einmal verheiratet«, sagt er, »ich habe meinem Sohn eine Hütte gebaut.« »Warum machst du das?«, fragt der Italiener, »du kommst aus der Schweiz, du bist doch reich.«

Sie unterscheidet jede Mine an ihrem Klang. Die Skala der Dumpfheit. Die sirrenden Spitzen. Das langsame Verhallen. Sie denkt an das Donnern der Lawinen, an das Rauschen der Brandung, höher nur alles und heller. Wenn jemand stirbt, müssen die Neuen es wieder und wieder erzählen. Sie lachen viel dabei.

Dem Gebäude, in dem sie schläft, fehlt das Treppenhaus. Aus Kartonschachteln hat sie Möbel angefertigt. Mit einer halbierten, fauligen Kartoffel lockt sie die Asseln an. Ihre Fraßstellen sind winzig. Die Körper schiefergrau. Sie säubern auch die kleinste Ritze von Schmutz. Das Ausscheidungsorgan liegt am Kopf, an der Basis der zweiten Maxille.

In diesem Essraum gib es wenig, worauf die Männer ihre Blicke richten können. Also bewegen sie sich an ihr entlang, die Schenkel hinauf, zur Brust und in die Augen. Es berührt sie nicht. Die Humanitären tragen Designerbrillen. Die Pullover liegen auf ihren Schultern. Die Militärischen sind kahl rasiert. Sie bevorzugen Kurzarmhemden und Hosen mit Knietaschen. Verwechselt sie deswegen ihre Namen, weil alle dieselben Geschichten erzählen? Einige haben die Minen gelegt, die sie jetzt entschärfen. Den Fahrer, immerhin, kennt sie. Im Wallis hat er Lawinen gesprengt. »Wenn ich etwas vermisse«, sagt sie zu Haf Ramal, »dann die Gletscher, die Weiden, das schwarze Moor.«

Nein, schreibt sie nach Hause, den Luxus des Schmerzes leiste ich mir nicht. Heldentaten vollbringe ich keine. Es ist eine Arbeit wie jede andere. Minen sind Soldaten, die nie schlafen, nie Hunger haben und geduldig warten, bis einer des Weges kommt. Der Detektor piepst bei jedem Coladeckel. Die Arbeit beginnt in der Morgendämmerung. Das Entminungsfahrzeug ist stochwerkhoch. Es ersetzt meine Hände nicht. Rüstung und Schultertaschen drücken. Der Helm hockt auf den Brauen. Treffe ich auf etwas Hartes, lege ich es mit bloßen Händen frei. Ich grabe um die Mine herum, bis sie nackt, rund, und – je nach Plastikart – wie neu vor mir liegt. Dann hebe ich die Hand. Die Arbeit auf dem Feld ruht. Ich installiere den Sprengmechanismus. Eine halbe Stunde später drückt mir die Detonation den Kopf in den Hals. Der Boden ist manchmal staubig trocken, manchmal breiig oder modrig nass. An den Rändern findet ihr die Asseln. Sie haben einen abgeflachten Körper, an dem die Segmente sichtbar sind. Erstmals sind sie mir in Herat aufgefallen. Sie strahlten ein gelbliches Licht aus. In Bajouar hausten

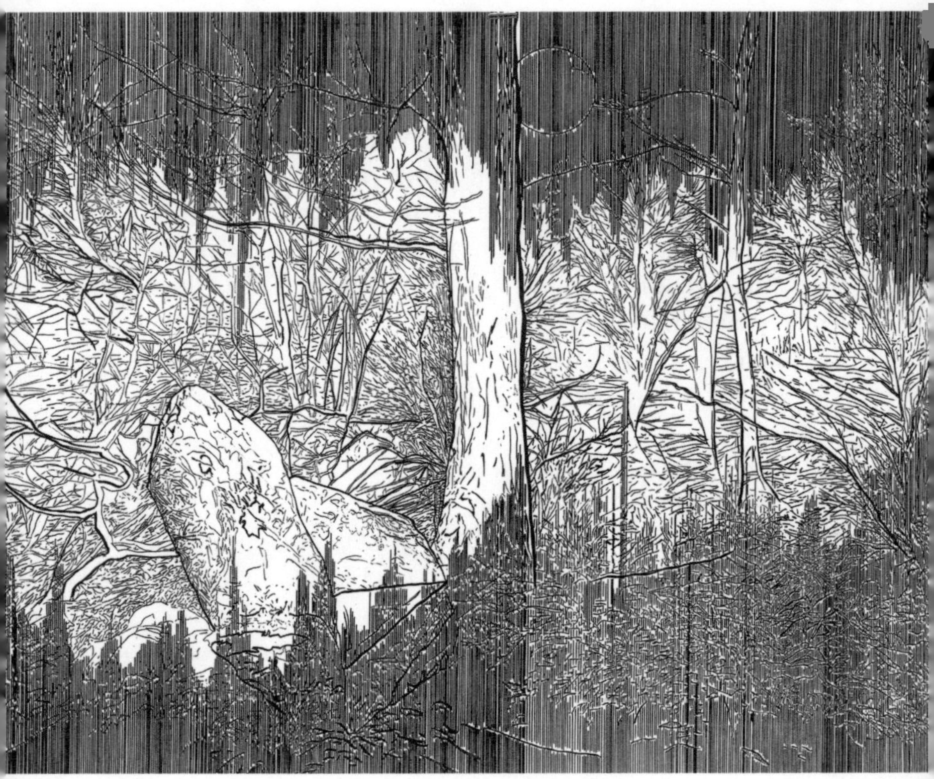

The Rock

In der trüben Dämmerung tauchten sie vor mir auf, mehr als zwei Dutzend Tiere, nachtgrau und geisterhaft. Der Wind war mir günstig gesinnt. Süß roch es aus den Reben. Sie kamen näher. In Berlin waren sie bereits mitten in der Stadt. Keine Spur von Hast. Ab und zu ein Schnauben, in der Ferne das Rauschen der Autobahn. Es war ein Spiel. Sie holten sich ihren Anteil an Wachstum und Wohlstand. Sorglos wurden sie deswegen nicht. Ein friedliches Bild: die Bachen breitbucklig, Überläufer und Frischlinge dazwischen, leis wie auf Finken. Oberhalb des Talholz und am Schönenberg hatte ich ihre rostroten Suhlwannen entdeckt. Sie waren überall und nirgendwo, nutzten die sichttoten Winkel, die Ränder zwischen Tag und Nacht, betongrau und waldgrün. Doch sie blieben die Gejagten. Wer ihnen begegnen wollte, musste wie ein Wildschwein denken.

Gedrungen stand der Jubilar am Buffet und ließ sich von der versammelten Schar verkünden, dass er bei sich zu Hause und in Festlaune war. Zwischen zwei Bissen sagte er: Von dieser Sache habe ich keine Ahnung, um nicht zu sagen: Davon habt ihr keinen Schimmer. Darauf prosteten sie ihm noch fröhlicher zu und rissen prophetisch den Mund auf. Sie hatten es ja schon immer gesagt. Zuletzt, bei Kuchen und Grappa, sangen sie so ausgelassen, dass er sich nicht wiedererkannte. Seine Frau strahlte, als sich die Tür hinter dem letzten Gast schloss. Sie hatte ihn endgültig besiegt.

»Fühlen Sie sich hier ganz wie zu Hause«, sagte die Frau – ihr Haar war zu einem Pony gebunden – und setzte sich zu mir aufs Sofa. Wir kamen uns rasch näher. Ich verspürte starkes Heimweh.

Früher war die Aussicht gut gewesen. Der Blick auf die Welt mit Kindern und Frau an hellen Familiensonntagen.

Im Laufe der Zeit hatten sich die Keimlinge vor der Bank zu Bäumen ausgewachsen. Der Waldrand war nach vorn gewandert. Er saß jetzt zwischen den Stämmen und sah das Möbellager nicht, das den Talboden ausspannte – länger als das alte Dorf.

Wenn das Wetter änderte, begann es hier auf der Kuppe zuerst zu toben. Seine Kleider waren dünn geworden. Den Fernseher hatte er nicht mehr eingeschaltet seit dem Tod der Frau. Bisweilen zuckte es in seinem Gesicht, ohne dass er sich dagegen wehrte, und die Arme machten Schleuderbewegungen. Er saß Tag für Tag auf dieser Ruhebank, während sie drunten die Welt neu erfanden. Zwischen den Baumwipfeln spätabends ab und zu ein Stern, ein Flugzeug, ein Satellit der Amerikaner. Das Glimmen der Zigarre in der Nacht.

Er beugt den Oberkörper vor, die Hände auf den Beckenknochen, jeder Muskel und Nerv Teil einer einzigen Konzentration. Ein schwacher Seitenwind. Darauf ist er vorbereitet, auch dass die Spur leicht wässrig ist. Schon gleitet er, kopfvoran, die Geschwindigkeit stimmt, dreißig Meter noch, zwanzig, zehn, spürt den Aufwind unter den Skiern – liegt in der Luft und ist ein Vogel. »Bravo, Herr Grimm«, ruft ihm die Kampfrichterin ins Ohr, »achtundsechzig Meter, nun waschen wir den Kopf für die Siegerehrung.« Mit dem Lappen fährt sie ihm übers Gesicht. »Siebzig Meter«, lacht sie, »nächstes Jahr schaffen Sie siebzig Meter, Rekord«, und schon liegt er im Bett. Sie drückt ihm auf den Bizepsmuskel. »Sie sind ja erst zweiundneunzig.« »Neunundzwanzig«, sagt er, »neunundzwanzig bin ich und Meister.« Sie öffnet die Schublade und hängt ihm die Medaille um. Er sitzt kerzengerade, als die Nationalhymne ertönt. Sie singt nicht mit. »Schlafen Sie gut, lieber Weltmeister«, flüstert sie und löscht das Licht.

»Du hast zwei Erbsen mehr bekommen als ich«, beschwerte sich der Mann im Speisewagen nach einem Blick auf meinen Teller. Ich zählte nach und nickte.

»Als Kind schlief er kaum«, sagte seine Mutter. »Von Kalendern war er fasziniert. Oft ließ er Kieselsteine durch die Hände rieseln.«

»Die Wurzel aus 73 ist 8.544«, unterbrach er sie und wippte auf dem Polster herum, »der 2. März 20 100 ist ein Donnerstag, der 1. Dezember 30 000 ein Freitag. Die Struktur des Kalenders wiederholt sich alle 28 und 400 Jahre.«

Sie schöpfte nach. »Einen Beruf übte er nie aus«, sagte sie und fuhr ihm durchs Haar. »Die Grundschule schaffte er nicht. Am liebsten saß er auf Gehwegplatten. Wenn ihn die Wut packte, schrie er wie ein exotischer Vogel.« Schmatzend schob er sich den Kartoffelstock in den Mund. Er war neununddreißig und schüttelte sich vor Freude.

»Wer war am 19. April 1960 auf Platz eins der US-Charts?«, wagte ich eine Frage.

»Elvis«, kam es wie aus der Pistole geschossen, »Stuck on You.«

Er stand auf, nahm seine Brille von der Nase und kratzte damit an der Wand. »In den vergangenen Jahren hat er viel gelernt«, sagte seine Mutter, »einen andern Menschen anzulächeln, einen Kaugummi zu kaufen. Nur beim Überqueren der Straße bleibt er manchmal noch stehen.«

Wie er schwitzte an diesem Tag im Wirrwarr von Balken, Treppen und Räumen. Schraubenschlüssel von ungeahnter Größe tauchten auf, Schubkarren, Schilder in dieser fremden Sprache: »Danger de mort«, »Premier secours«. Tief unten ein Wassertank, in den es leise tropfte.

Oskar legte Depots an. Er rüttelte an Gestellen und Karren, stieg über löchrige Treppen höher, nahm einen Feuerlöscher von der Wand und schäumte einen Werkraum ein.

Als er die Zinne des Bohrturms erreichte, war die Sonne am Untergehen. Er zog seinen Feldstecher hervor. In der Ferne erkannte er einen Baumstrunk, eine Hütte, einen Wald. Im Strunk hauste vielleicht ein Kauz, in der Hütte eine Hexe.

Der Bus fuhr so rasch in den Wald, dass der Feldstecher ihm nicht zu folgen vermochte. Oskar legte ihn aufs Knie. Nach einigem Wühlen fand er die Mundharmonika in der Jackeninnentasche.

Das Spielen tut dem Kopf gut, sagt Oskar. Wenn ich selbst Töne bilde, wächst die Seele zur Stirn hinauf, und die Seele ist wie Gott.

Schlosserei einem Kollegen am Türrahmen das Bein, als dieser ihn Schneckenkönig nannte. Seither arbeitet er in der Küche des Altersheims, für zwölf Franken pro Stunde, oder er hilft im Garten.

Wenn es heiß ist und das Bier fließt, steigt ein Hass in seinen Kopf und es zerreißt ihm die Augen. Eine Ausströmung ist das, sagt er, eine dumme Ausstrahlung, eine Spannung, die Luft so ausgedehnt, dass die Netzhaut kaputt geht.

Sobald er zweihundert Franken beisammen hat, fährt Oskar mit dem Puch über die Wettsteinbrücke zur Grenze und steigt für eine Stunde vor einem Mehrfamilienhaus ab. Ein Liebesgefühl zu einer Frau ist ganz anders als zu einer Mutter, meint er. Das muss in den Gestirnen enthalten sein, diese andere Strahlung.

Ungefragt zeigt er dir seine Identitätskarte, zieht eine vergilbte Klassenfoto aus dem Portemonnaie und lässt dich darauf seine Mutter suchen: ein blasses Mädchen mit Zöpfen und einer karierten Schürze. Oder er faltet auf den Knien das Kleininserat auseinander, das er mit Leuchtstift eingerahmt hat. Mann, fünfzig, sucht Freundin.

Gestern fuhr Oskar im Bus des Altersheims ins Elsass. Er saß zuhinterst, auf der breiten Bank. Unterwegs spielte er Mundharmonika, nur so laut, dass es angenehm klang. Als Letzter verließ er den Bus in Ungersheim und schaute sich um, während die Gesellschaft sich am Eingang des Ecomuseums in Einerkolonne versammelte. Niemand blickte ihm nach, als er sich entfernte. »Accès interdit« stand vor der Fabrikruine. Silos, Schuppen, Türme, verbunden durch Rohre, Kabel, Schienen, zerbrochene Fensterscheiben, durch die das Licht mit scharfen Kanten auf Salzhaufen und rostig-feuchte Maschinen fiel.

Du findest Oskar leicht. Seine hundert Kilogramm sind unübersehbar. Oft sitzt er am Rheinufer und fischt – alles, außer Fischen. Oskar wäre unfähig zu töten, er hat ein weiches Herz, obwohl er in seinem Keller an einem Maschinengewehr bastelt. Das hängt mit seinem Forscherdrang zusammen. Oskar ist Erfinder, doch werden seine Briefe von den Behörden nicht beantwortet.

Oskar fischt mit einer Eisenstange, an die er einen Dreizack mit Widerhaken geschmiedet hat. Damit lassen sich große Objekte bergen: ein Kinderbett, ein Pneu, eine Leiche auch schon, die sich in einer Wurzel der Uferböschung verfangen hatte. Einiges stapelt Oskar neben dem Container beim Strandcafé. Das meiste aber stopft er in seinen Anhänger und zieht es mit dem Puch Maxi durch den Hardwald nach Hause.

Die Rheinschiffer kennen ihn. Ab und zu hupt einer. Dann steht Oskar stramm und grüßt mit angewinkelter rechter Hand, während er in der linken den Feldstecher hält und das Schiff heranholt, den Blick von den Kabinenfenstern zu den Wäscheleinen schweifen lässt zwischen die flatternden Hosen und Hemden. Doch lange Pausen gönnt er sich nicht. Zu vieles geht verloren im Fluss.

In Oskars Werkstatt im Keller ersticken Kessel, Schachteln und Kisten das scheckige Licht der Stablampe. Metallteile lagern in Schichten auf Tisch, Stuhl, Boden. Dazwischen Bohr- und Fräsmaschinen sowie das »Erklär- und Explizierbuch«, in dem er manchmal liest. Besonders interessieren ihn das elektronische Urgebäude und die Atome. Er spricht langsam. Die Vokale und Konsonanten verdichten sich zu Klumpen. In die Rekrutenschule wäre er gern gegangen. Einmal brach er in der

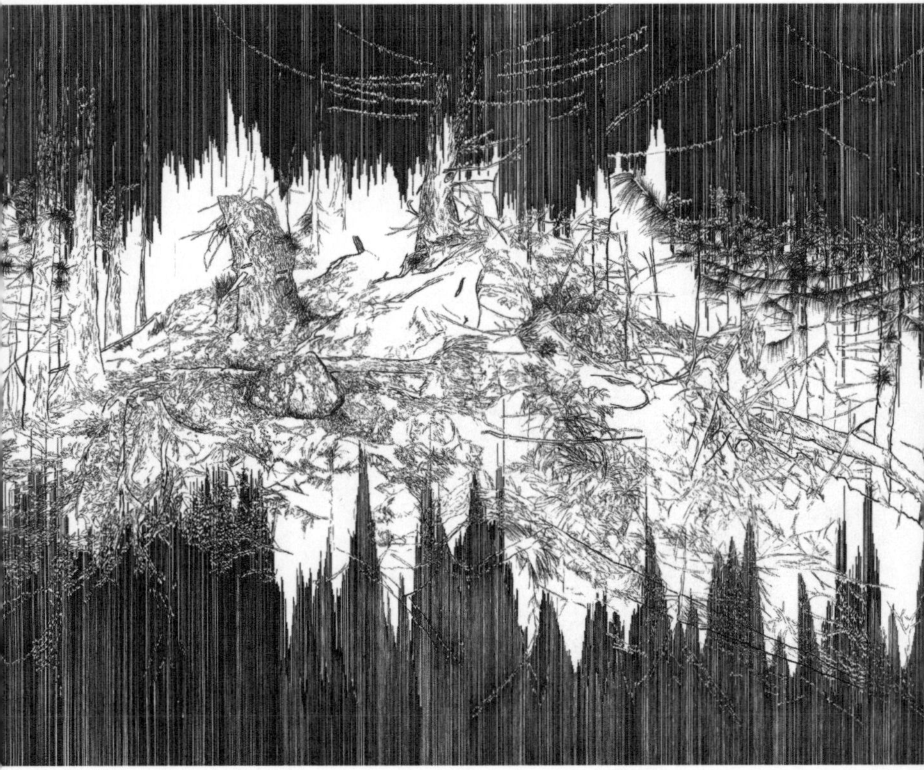

The Heart's Bones

Die Zahl seiner Gebresten war mit der Zahl seiner Jahre gewachsen, delikate, im Körper verästelte Entzündungen, Allergien, Verspannungen, die er so schamhaft wie hingebungsvoll pflegte. Oft hielt er seine Handflächen nach oben, wenn er leise und behutsam von seinen Leiden sprach und die Augen hinter seiner Goldrandbrille schloss. Das Geräusch der Türfalle erschreckte ihn. Am meisten graute ihm vor unerwarteten kleinen Gesundheitsattacken, wie sie sich an lauen Sommerabenden auf dem Balkon einstellen konnten – bei einem Glas Wein mit Clara. Nie hatte sie ein schlechtes Gewissen.

Die Dohle klammerte sich krächzend an den Felsen. Wir blieben stehen. Der Berg fiel hier beinahe senkrecht ab. Einundachtzig, sagte sie, ist für uns eine besondere Zahl. Wenn einer nach so vielen Tagen gefunden wird, heißt es, dass er eine alte Seele hatte und sein Leben rund war. Meinen Vater hat das getröstet, ja, es machte ihn glücklich, auch wenn es kein schönes Bild war, wie mein Bruder da lag mit halb weggerissenem Kopf. Mit zwanzig hatte er bereits zwei Bücher geschrieben. Das Pult verließ er kaum. Schon in jungen Jahren hatte sich eine Falte in seine Stirn eingegraben. Abends brachte ich ihm Kaffee und setzte mich zu ihm. Dann las er mir seine Entwürfe vor. Durchs Fenster sah ich das Tote Meer. – Ihr Haar schimmerte schwarzviolett. Darunter war ihr Gesicht kaum zu erkennen. Wir waren unterwegs ins Hochland. Den Vogel hörten wir noch lange.

Der Mann am Ecktisch sprach mit niemandem. Er bestellte wenig und teilte das Wenige mit seinem Schäferhund. Andauernd blickte ich unter den Tisch: Füße, die an der Luft sein durften. Dann ging er – wortlos an all den Schuhen vorbei.

Der Kieferknochen der Frau war so verlängert, dass ihr Mund zum Schlund wurde. Ihr Mann hatte große, vorstehende Augen. Das Kind bewegte sich mit derselben ständigen Fluchtbereitschaft wie seine Eltern. Bei Gefahr verschwanden die drei blitzschnell in ihrer Wohnröhre. Was sie dort Mund an Mund zwischen den Zähnen zermalmten, blieb unklar.
Einmal gruben sie einen senkrechten Stollen in den Sand. In die Wände passten sie Steinchen und Bruchstücke von Schnecken- und Muschelschalen ein. Das Ende des Stollens war so ausgestaltet, dass zuunterst eine Wendebewegung möglich war. In ihrem Leben spielten Schlund und Stollen eine herausragende Rolle. Mehr lässt sich nicht sagen.

Warum erzähle ich das? Was wiegen deine zwanzig Gramm? Die Grotten von Rosana haben wir nicht erreicht. Einen Grottenolm habe ich nie gesehen. Unterwegs aßen wir aus einem Plastikteller. Er legte die Sonnenbrille weg. Ich weiß nicht, ob wir fürs Tageslicht geschaffen sind, sagte er. Unsere Pupillen sind beinahe geschlossen.

Ein Klümpchen bist du, formlos und wie in Fett konserviert, Lithopädion, mein Fisch, mein Vogel, verkalkt in dreißig Jahren. Ich trinke Kaffee in kleinen Schlucken, suche deine Augen, die Ohren, den Nabel. Wer wärst du in meinen Händen? Die Tür geht auf. Wovor würde ich erschrecken? Will ich wissen, wer du hättest sein können? Ein Spieler? Eine Fliegerin? Ein Nimmersatt?

Man kriegt hier keine Luft, Schwester, meine Haut wird schorfig. Unglaublich, wie ich rieche. Ich liege quer im Bett. Jeder Dornfortsatz ein Sporn. Wie viele Lügen braucht man, um lebendig zu bleiben?

Nein, Fragen habe ich keine mehr, Herr Doktor!
Ja, Schwester, nehmen Sie es mit.

Mutter zog die Schuhe aus und begann meine Küchenkombination zu schrubben. Sie hörte nur noch auf den Schwamm, den sie mit beiden Händen in die Kacheln drückte. Ich schloss die Augen. Als ich sie wieder öffnete, ließ Mutter die gebügelten Höschen mit leicht geneigtem Kopf hin und her schwingen. Der Ehering war ihr in den Finger gewachsen. Du bist so dünn, sagte sie, wann hast du zum letzten Mal einen Rock getragen? Sie öffnete meinen Schrank. Heute Abend kochen wir uns etwas Feines.

Der Seeteufel in der Fischbude war eingebettet in Eisschnee, gefleckter, massiger Vorderkörper, zottig abstehende Kiemen, Riesenmaul und Glupschaugen, das hässlichste Meerestier, das mir je zu Gesicht gekommen ist. Mutter ließ sich den Seeteufelschwanz einpacken. Zu Hause säuberte sie das dicke, zylinderförmige Stück, trocknete und häutete es. Sie bereitete den Fisch an einer cognacschweren Sauce zu und briet ihn mit Engelsgeduld, übergoss ihn immer wieder mit Butter, die aufquoll wie ein Schaumbad. Zwei-, dreimal fasste sie mich scharf ins Auge. Du hast den schönsten Beruf der Welt. Reden wir von dir, sagte ich. Meine Füße brannten vom Stehen.
Sie strich die Falten aus dem Tischtuch. Wir aßen auf dem Balkon. Graue Nacht mit einem Stich ins Gelbe über dem Fluss. Der Seeteufel schmeckte sommerlich leicht. An diesem Abend erhob ich ihn zu meinem Lieblingsfisch. Ein weißer Blitz zischte über den Fluss. Du solltest deine Wohnung neu malen lassen, sagte Mutter auf der Schwelle. In Eierschalentönen. Zwei Tage später ging ich ins Krankenhaus.

Ich bin nur einmal wirklich geflogen, geräuschlos und ohne Schwere – ein Geschenk zum vierzigsten Geburtstag. Der Pilot, ein bärtiger Hüne, fuhr mit dem Traktor vor die Seilbahn. Der Rucksack mit dem Gleitschirm lag auf dem Beifahrersitz, eine Heugabel daneben. Der Mann hieß Balz. Seine Hose roch nach Stall. In der Gondel standen sie Schulter an Schulter in ihren atmungsaktiven Overalls. Ich hatte mich vor diesem Tag gefürchtet. Jetzt erfasste mich eine heftige Lust auf Luft.
Auf der Steilwiese drückten Soldanellen zwischen den Schneeresten hervor. Nach wenigen Schritten bauschte sich der Schirm über unseren Köpfen ins Lot. Balz steigerte das Tempo, und schon baumelten meine Beine im Leeren. In einem thermischen Schlauch stiegen wir über einem wie aus Karton geschnittenen Grat inmitten von Pollenwolken auf. Weit unter uns tropften andere Schirme den Kamm hinunter, tote Gewichte.
Wir schraubten uns höher und höher. Als ich die Krümmung der Erde sah, setzte mein Denken aus. Nach der Landung blieb Balz einsilbig. Den Schirm legte er sorgfältig zusammen. Er habe noch zu melken. Ich begleitete ihn zum Stall.

Ein halbes Jahr danach kreiste ein Fliegerfreund über uns und ließ feines Heu auf die Hochzeitsgesellschaft regnen. Nacht für Nacht fielen wir uns danach in die Arme. Ich kaufte Namenbücher, über denen wir stundenlang brüteten. Ein Pendler ging mit der Rute durchs Haus. Die Wasserader verlief direkt unter dem Ehebett. Eine Kuh kalbt auch nicht, wenn der Stall auf einer Ader liegt, sagte der Mann und riss die Rechnung vom Block. Nach vier Monaten schoben wir das Bett zurück. Zwei Jahre später waren wir geschieden.

Von Pamukkale aus, wo ich mit meinem Bruder im folgenden Sommer zur Badekur weilte, schickte ich Gilbert und Amstutz Postkarten, die sie nie beantworteten. In den schneeweißen Becken, Wannen und Wännchen zweitausend Meter über dem Plateau des Büyük Menderes, des großen Mäanders, sah ich bei fünfunddreißig Grad mit hochgestecktem Haar dem überlaufenden Wasser nach und verträumte meine Tage.
Ich wies Gilbert und Amstutz auf die Lügensteine hin, die ich in einer im Hotel aufliegenden deutschen Zeitschrift ausgemacht hatte. Der Leibarzt des Bischofs von Würzburg, Johann Bartolomäus Beringer, hatte sie im 18. Jahrhundert entdeckt. Zu Hunderten hatte er sie ausgraben lassen von einem willigen Gehilfen – im Glauben, Fossilien seien nicht Überbleibsel des Lebens, sondern besondere Steine, die Gott forme auf der Suche nach neuen Geschöpfen, die man auf der Erde noch nie gesehen habe. Einer der Vögel besaß einen Fischkopf, eine Idee, die Gott anscheinend verworfen hatte. Die feinen Kalkablagerungen in Pamukkale seien nicht vergleichbar mit dem Granit im Bremgarterwald oder in der Bretagne, schrieb ich unten auf meine Karten. Dass das Spiel des Wassers auch unser Spiel war, deins und meins, konnte ich nicht wissen.
Mit der Pinzette zupfte ich vor dem Galaabend Härchen aus am Kinn. Du bist komisch geworden, sagte mein Bruder. Nimm dich nicht so wichtig. Beim Essen schwiegen wir uns an. Ich blieb sitzen. Feierlich trank ich mich in den ersten Rausch meines Lebens. Um zwei Uhr morgens deponierte ein gnädiger Kellner mich auf meinem Bett.

Ich arbeitete längst wieder im Flachland, als ich auf einem Sonntagsspaziergang einen Mann namens Amstutz kennen lernte. Seine dicken Brillengläser schienen Saugnäpfe zu haben. Ein Kompass baumelte an seinem Hals. Unter den Arm hatte er eine Kartenrolle geklemmt. Der Mann vermaß die erratischen Blöcke im Bremgarterwald – Bettlerstein, Galgenhau und wie sie alle heißen. Fugen- und schwerelos lag der oberste und größte Brocken des Erdmannlisteins dort auf, wo in der späten Morgensonne sein scharfer Schatten hinschlug. Auf der Bahnstation im Wald, wo der Lokführer auf Verlangen hält, schrieb Amstutz mir seine Adresse an den Rand eines mit unzähligen Linien bekritzelten Zettels.

Ich begegnete solch wuchtigen Blöcken nur noch einmal, im selben Frühling an der bretonischen Küste. Einer der Klötze wog siebzig Tonnen. Er war einem Schiff zum Verwechseln ähnlich: La Barque de Saint Conogan. Gilbert, der Bildhauer, führte unsere Gruppe durch mannshohen Farn, ein drahtiger Kerl. Was er an Nahrung brauchte, holte er sich aus dem Meer. Um einen der Granitbrocken herum hatte der Bildhauer sein Atelier gebaut. Seit Jahren schlug er sich mit Hammer und Meißel vor zu seinem Kern.

Zu zweit saßen wir am letzten Abend an der Pointe du Raz, auf den Klippen am Kopf der Welt. Den Geruch von Gilberts Speichel bin ich nie mehr losgeworden. Doch das erklärt nichts. Er war nicht grob und brachte mir kein Interesse entgegen. Aber ich spürte die Wucht, als er an mir abrutschte.

Noch vor dem Winter zog ich weg. Die Arbeitsstelle hatte ich zufällig entdeckt. Es roch nach Moor, als ich ankam. Nachts wuchsen Frostblumen an den Scheiben. Nackt lehnte ich mich aus dem Fenster und sehnte mich nach einem neuen Kopf.

Ich begann auf der Geriatrieabteilung. Mühelos steckte ich die Infusionen. Die Leute in den Krankenbetten hatten kräftige Venen. Das Eiweiß in ihrem Blut gibt es an keinem andern Ort der Welt. Es baut Fett ab an den Gefäßwänden und Kalk. Giovanna, die Hundertjährige, aß Zitronen, wie andere Äpfel essen, mitsamt der Schale.

Auf der Nachtwache lernte ich gegen die Leere. Bald war ich Hebamme. In der Osterwoche rief man mich auf den Sesterpass, in eine Ödnis aus Eis und Fels. Die hochschwangere Frau sah von ihrem Bett aus auf Gletscher, Wälder und Weiden. Der Knabe, den ich ihr aus dem Mutterleib zog, war tot. Ihr Mann saß bei einem Glas Veltliner, unten in der Gaststube. Als ich die Frau anderntags verließ, lag der Schnee meterhoch.

Nein, Schmerzen habe ich nicht, Schwester, nicht mehr. Schlaftabletten brauche ich keine, aber ein Kaffee würde gut tun, schwarz und ohne Zucker.
Ich liege so hoch wie noch nie, turmhoch über den Bäumen.
Man bringt mir das Essen. Man hat mir entfernt, was ich tausendmal entfernte.
Was hat dich gerollt, gewälzt, geschliffen durch die Jahre?
Du bist nicht größer als ein Taubenei.

Das ist deine Geschichte. Glaub sie oder nicht.
Die Gegend ist überbelichtet. Er reißt mich an sich. Wir dampfen. Seine Zunge in meinem Ohr. Der Biologiestudent und die Krankenschwester. Ich beiße, brülle. Wir fallen in jenes Trümmerland, das die Welt nur fleckenweise frei gibt – krüppelige Föhren und Gestrüpp in Spalten und Schrunden, zerzaust von heißen Winden. Der Taucher und die Schwimmerin, unterwegs zu den Höhlen im Karst, zu den Grottenolmen. Wenn Gott uns jetzt sieht, lacht er, hat er seine helle Freude an uns.
Jeder Stein ein Trichter. Er sucht nach seiner Sonnenbrille. Wir sind unbarmherzig wie Geschwister.

Ein Lieferwagen fährt uns nach Triest. Unterwegs gießt der Chauffeur Wasser nach. Ich sitze in der Kabine. Insekten zerplatzen an der Scheibe. Das erste Mal im Ausland. Er liegt hinten auf der Ladefläche. Vor der Sternwarte trennen wir uns. Dreißig Jahre ist es her und ein paar Tage. Ich erinnere mich an die Rinnenkarren, die messerscharfen Rippen, die Narbe auf seiner Nase.

Von der Bucht hinter dem Hafen schwimme ich ins Meer hinaus. Ich tauche. Ein Kind hält mir am Strand eine Hand voll Mirabellen entgegen. Das Salz verzieht mir die Haut unter dem Pullover.

Wie viele Worte haben wir über dich verloren?

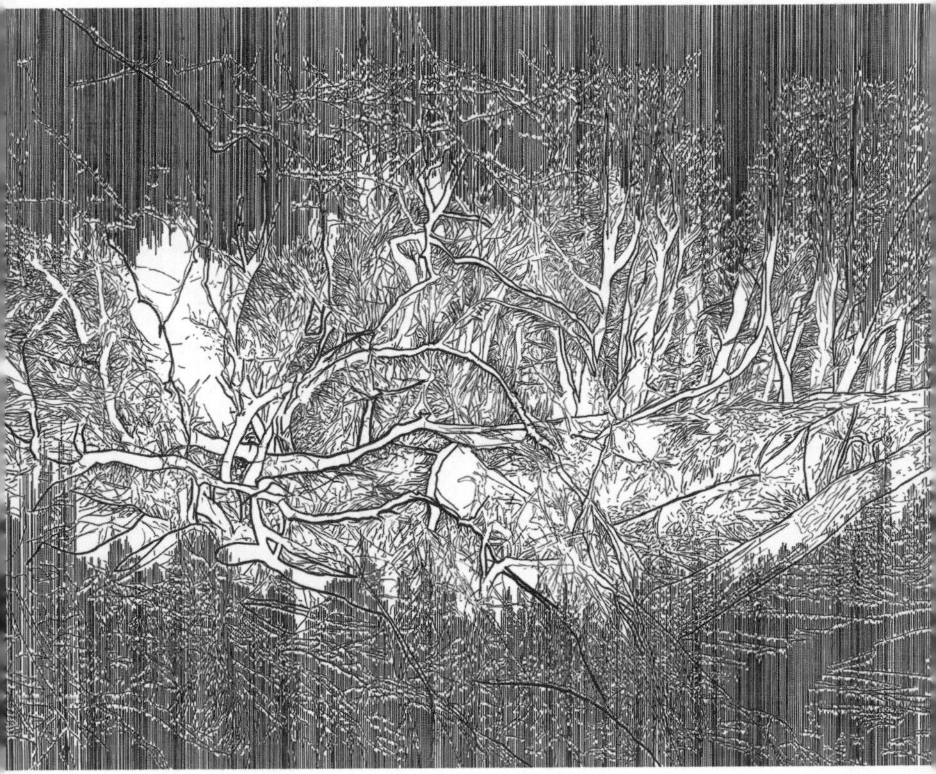

Branches

Das Gewebe war fixiert und blutleer. Mit der linken Hand zog er unter der glitzernden Klinge beinahe durchsichtige Paraffinbändchen hervor. Schnitte feiner als Schmetterlingsflügel. Eines der Bändchen legte er auf das mit Alkohol befeuchtete Glas, damit es sich strecken konnte, und zog das Glas im Wasserbad weg. Das Bändchen schwamm jetzt. Er schob ein neues Glas darunter. Es war mit Klebstoff versehen. An der Färbebank färbte er das Bändchen und legte ein weiteres Glas darauf. Unter dem Elektronenmikroskop warf es leuchtende, graugrüne Schattenbilder. Der Blick des Mannes war fokussiert auf ein kleines Pünktchen. Weit weg vom Seziersaal umkreiste er es. Die Zelle aus der Bauchspeicheldrüse der jungen Frau bewegte sich nicht. Sie war bösartig und von zärtlichster Schönheit.

»Bist du denn taub?«, schrie sie ihn an, »ich schütte dir mein Herz aus, und du schweigst.« Sie stemmte die Hände auf den Tisch. Der Kaffee schwappte über. »Du bist so gefühllos!«
»Muss man immer hören, was man fühlt?«, fragte er und wischte die Brühe mit der Faust über die Tischkante.

Beim Einnachten kamen die drei Jäger vom Wald hinunter ins Dorf. Der Mittlere trug den Rehbock auf dem Rücken. Der Kopf war nach hinten gedreht. Im Maul steckte ein Zweig. Der Mann legte seine Beute auf den Boden beim Schuppen und strich mit den Fingerkuppen über den Bauch des Tieres. Er zeigte dem Bub die winzige Einschussstelle unter dem linken, weit aufgerissenen Auge, berührte das Gehörn, hob eines der Vorderbeine an und nickte. Nachher stand er mit den Kollegen um den Rehbock herum, der mit offenem Bauch kopfüber an einem Haken hing, und entkorkte die Flasche. Auf die Seele, sagte er zum Kind, und streckte ihm das Glas entgegen. Die Augen des Kindes glänzten. Zum Wohl, sagte es und umfasste das Glas mit beiden Händen. Die Seele schmeckte bitter.

»Bäume schneiden kann er nicht«, wetterte der Bauer, »auch wenn er schwarze Kirschen schwitzt. Der schneidet die Äste nur innen weg. Die Krone bleibt verwachsen. He, das Licht muss in den Baum fallen. – Sehen Sie, der hockt im Geäst und macht Stielaugen und hat keine Ahnung von Erziehungsschnitt. Die haben zu viel Licht dort unten im Süden. Lassen ihrem Baum das Dach, damit er nicht austrocknet, und schicken das Licht zurück in den Himmel. Der kann nicht umdenken. Bei uns im Baselbiet muss das Dach weg, sonst wird der Kirschbaum schwach und spindelig, Herrgottnochmal, die Schauenburger brauchen innen doch Licht!«

Bald bin ich so groß wie der Kühlschrank, murmelte das Kind und zog die Jacke aus. Es öffnete die Schranktür, pustete in die Handballen, stellte Milch, Eier, Yoghurt und Käse auf den Küchenboden. Zwischengitter sowie Schubladen legte es daneben. Dann setzte es sich in den Schrank und zog die Tür. Sein Gesicht war gespickt mit Kratern eines Jahre dauernden Meteoritenhagels, zernarbt von Rillen winziger Lavaflüsse. Hier, im Innern, war es windstill. Flocken lösten sich vom Tiefkühlfach. Rasch wuchs der Firn um seinen Kopf.

Ärmel flogen um die Wette, Turbane wogten, Sandalen und Zoccoli schliffen den Holzboden. Ein paar Nachtschwärmer guckten herein und entschlossen sich zu bleiben, schlaksige Gesellen. »Besser schlimme Menschen als ein leeres Haus«, sagte der Schwarze am Eingang. Wir aßen Hähnchen mit Reis an scharfer Paprikasauce. Säuglinge schliefen in Kinderwagen. Der Trommler lag im Sarg. Er war jung gestorben und lachte wie im Leben. Nur trug er den Hosenschlitz jetzt hinten und das Hemd am Rücken zugeknöpft. Aber die Trommel wurde ihm mitgegeben ins Grab. Und etwas Weggeld in die Tasche, für den Fährmann, für eine Kleinigkeit unterwegs. Er hatte an allen Haltestellen der Stadt und bei jedem Wetter getrommelt. I'm on transit, hatte er gestrahlt, als ich ihn unlängst gefragt hatte, wo er denn daheim sei.

Am Tag, nachdem er den Schreibtisch geräumt hatte (die Konzernspitze gestand ihm hierfür genau eine Viertelstunde zu), ging der Direktor erstmals mit seinem Aktenkoffer ins Bannholz, ohne Frau und Hund. Er brachte ein halbes Dutzend morsche Äste zurück, die er noch vor Sonnenuntergang auf die exakt gleiche Länge zusägte und an der Hauswand aufschichtete. Mit den Wochen und Monaten wurden die Äste dicker. Der Direktor benutzte jetzt einen Reisekoffer. Auch erweiterte er seinen Radius Richtung Hard und Moderhalden und begann die Eiche immer eindeutiger der Buche vorzuziehen. Später zog er einen Handwagen. Hin und wieder ertönte tief im Waldesinnern ein Geheul, dem eines Wolfs nicht unähnlich, und eines Abends wurde der Direktor von einem Reiter beobachtet, wie er weit hinten im Fulengraben einen Baum ansprang: vom Steilhang aus, mit gestrecktem Bein. Aber gefährlich ist er nicht, meint der Förster, Menschen weicht er aus. Und was er aufschichtet, darf sich sehen lassen: Die Stapel steigen wie vom Lineal gezogen an allen vier Wänden auf. Läden und Fenster decken sie schon zu.

Als er beim Rasieren begriff, dass er noch nie so glücklich gewesen war wie am Vorabend, ließ er die Hand sinken.

Ist es möglich, dass die Liebe andere Wege geht, dass sie sich das, was sie braucht, dort holt, wo sie es findet? Mit der Zeit wurde ihre Haut faltig und trocken wie geriffelter Sand, und der Flügel unter ihrem Hals schob sich deutlicher heraus. Wenn ich in den Türrahmen trat, abends nach getaner Arbeit, in der linken Hand die Mappe, in der rechten die Einkaufstasche, zuckten ihre Lider. Manchmal glomm ein Licht in ihren Augen.
Bedächtig trank sie nach dem Essen ihren Tee, mit einem Schuss Kondensmilch, aus der blauen Porzellantasse, einem Hochzeitsgeschenk. Nachts aber lagen wir nebeneinander und zwischen uns wuchs der Raum. Sie atmete kaum. Nur ihr Geruch war immer nah, ein Hauch von Lavendel. Selten noch griff sie nach meinem Handgelenk: Hörst du denn nichts?
Es ist doch alles in Ordnung!
Halt mich fest!
Ihre kalten Hände jagten mir Schauer ein.
Sag, dass sie glücklich sind!
Ich schwieg.
Du wirst es tun, sagte sie.
Ich schwieg.
Ich hatte keine Ahnung, wovon sie sprach.
Wir lagen am fremdesten Ort der Welt.
Wenn man wüsste. Die Tage hindurch. Die Jahre.
Und jetzt hatte man sie aufgebahrt. Die Haut war durchsichtig geworden.
Sie waren direkt hinter dem Ohr. Unendlich viele.
Er beugte seinen Kopf zur Schleife in ihrem Haar.
Sie sangen wie noch nie.
Ein Schlitz nur.
Wie schön sie war, wenn sie sangen.

VII

*Die Kämpfe dauerten nur wenige Minuten.
Sie waren begleitet von großer Leidenschaft
und hohen Wetteinsätzen.
Die Insekten wurden
mit vorgekauter Kraftnahrung gefüttert.
Erfolgreiche Grillen waren so teuer wie ein Rennpferd
und trugen den Titel »Schup Lip«, siegreiche Grille.
Nach ihrem Tod wurden sie
in kleinen silbernen Särgen beigesetzt.*

Man untersuchte Gehörgang und Trommelfell, die feinen Härchen der Hörschnecke und die drei kleinsten, miteinander verketteten Knöchelchen ihres Körpers: Hammer, Amboss und Steigbügel.

In ihrem Blut steckten sie, ihren Träumen, ihrer Sprache. In jeder Ritze und Rille ihres Körpers. Doch kein Arzt fand sie, kein Therapeut. Farben gab man ihr, Notizblöcke, Lehm. Sie berührte keinen Stift und formte nichts. Stundenlang lag sie bis zu den Ohren versunken in der Badewanne. Oder sie saß am geschlossenen Fenster. Kinder machten Überschläge drunten im Park und spritzten sich am Brunnen an. Schwalben pfeilten vorbei, schwarze Flecken. Auf dem Sims krabbelten schimmernde Käfer. Im Herbst stiegen manchmal Drachen auf. Gärtner kletterten auf Leitern. An Feiertagen flatterte eine Fahne.

Hin und wieder blätterte sie in einem Zettelkasten in den Rezepten ihrer Mutter, gräulichen, nummerierten Blättern, beschrieben mit schwarzer Tinte in einer sehr schmalen Schrift.

Sitzen und horchen.
Fuß vor Fuß setzen, die Wendeltreppe hinauf, und horchen.
Stehen bleiben unter der Schwelle und horchen.
In die Haut. In den Atem. In die Eingeweide.

VI

*Die beiden Kontrahenten
peitschen sich mit den Fühlern,
drohen mit gespreizten Oberkiefern
und stimmen einen Kampfgesang an.
Darauf boxen sie sich mit den Vorderbeinen
und versuchen so,
den Gegner aus der Stellung zu schlagen.
In der Endphase des Kampfes
ringen die Grillen miteinander.
Sobald einer der beiden Gegner
auf dem Rücken liegt,
ist der Kampf zu Ende.
Der Verlierer trollt sich,
während der Sieger
einen lauten Gesang anstimmt.*

Grillen sind doch Grillen, sagte ich später oft, sagte ich immer wieder. Dann blickte sie mich wie aus weiter Ferne an, und die Wehmut in ihren Augen ertrug ich nicht. Sie machte sie nur schöner.
Vergiss es einfach, ermunterte ich sie einmal.
Ich bin ein Fehler, erwiderte sie. Als sei dies der Moment: Schluss zu machen. Aber es gab einen Rest. Die Ordnung gegen das Geheimnis. Und das Geheimnis wehrte sich. Meine blasse Braut. Ich hasste sie und verliebte mich doch Tag für Tag von neuem.
Sie waren eingeschlossen. Erst nach Jahren gestand sie es mir. Sie hatte sie eingelassen. Meist blieben sie ruhig. Dann plötzlich regten sie sich, ihre Haut wurde wachsartig hart, und ihr war unendlich kalt.
Es sind Schallwellen, tröstete ich sie, die kommen und gehen, tröstete ich mich, ein Druck, eine Überempfindlichkeit. Ich machte Protokolle, wann immer es geschah, im Schlaf manchmal, bisweilen beim Telefonieren, mitten in einem Satz. Als hätte ich gewusst, was es zu beweisen galt. Grillen sind doch Grillen. Ich habs ja auch gehört. Mit meinen eigenen Ohren. Mitunter vermochte sie die Speiseröhre nicht mehr zusammenzuziehen, und ich packte sie an den Armen, schüttelte sie und schrie.
Nacht für Nacht lag ich in meinem Schweiß. Nichts passte aufeinander. Im Halbtraum ging ich zurück an den Strand, um zu beweisen, dass es richtig war, auch wenn alles falsch herauskam. Gleiten, tauchen, kreisen. Ihr gebundenes, fallendes Haar.

V

*Zu hohen Ehren konnte eine Grille
im alten China gelangen.
Besonders zur Zeit der Sung-Dynastie
waren Grillenkämpfe in Mode.
Zwei Männchen wurden
in eine kleine Arena gesetzt
und aufeinander losgelassen.
Der Kampf, den die Grillen
auch in Freiheit ausfechten,
um ihr Revier abzugrenzen,
verläuft nach festen »Regeln«.*

In einem Olivenhain stellten wir unsere Rucksäcke ab. Auf dem Felssporn über uns thronte eine Kapelle. Ein Hirte näherte sich mit seiner Herde. Sein Stab war kunstvoll verziert und oben gebogen. Schrill pfiff er durch die Finger und ließ seinen Hund die Tiere stoppen. Der Feldstecher an seinem Hals kontrastierte mit seinen ärmlichen Kleidern. Er stellte seinen Sack auf ein Steinmäuerchen und streckte uns eine Honigmelone entgegen. Bono, rief er, zerteilte die Frucht mit raschen Schnitten und steckte ihr einen Schnitz in den Mund. Bono. Sie beugte sich vor, es tropfte. Bono. Er lachte, sein Schnurrbart zitterte. Mit einem Pfiff zog er weiter. Ich sammelte einen Arm voll Feuerholz. Wir aßen wenig und breiteten bald unsere Schlafsäcke aus.

Das Zirpen der Grillen setzte plötzlich ein – tausendfach.
Hörst du die Vögel, schrie sie auf. Sie kommen und holen mich. Ich muss fort!
Grillen sinds, beruhigte ich sie.
Sie kommen von allen Seiten, schluchzte sie. Ihre Nasenflügel hoben und senkten sich im Takt mit Brust und Lippen.
Es sind viele, ja, aber sie tun uns nichts!
Sie töten mich!
Jede Gegend hat ihre Geräusche, sagte ich, jedes Land. Sie gehören zur Nacht wie der Mond.
Ich muss weg. Ich bin tot!
Vergeblich versuchte ich die Tiere mit der Taschenlampe zu verscheuchen. Sie zirpten weiter, hysterisch und durcheinander, als ob sie sich Befehle zuschrien.
Krämpfe schüttelten sie. Wir lagen Kopf an Kopf. Sie war voll von diesen Geräuschen und leer von allem andern.

IV

*»Grillus dienet zu den eiternden Ohren,
so er mit seinem Erdreich ausgegraben wird.
Der Blasen dienet der Grill mit heißem Wasser
gewaschen und eingenommen.« (Nigidius)
Auch gegen Geschwüre, Menstruationsbeschwerden,
Fieber und Krämpfe wurde die Grille verabreicht,
und angeblich beeinflusste sie den Geschlechtstrieb,
weshalb sie Verwendung in Liebestränken fand.*

Bei hohem Wellengang verließen wir das Schiff in einem Ruderboot. Fast wurden wir auf den Landungssteg gespült. Auf dem Quai zogen Esel an uns vorbei, hoch bepackt mit Früchten und Gemüse. Wir folgten der Menge, die auf den Dorfplatz strömte. Struppige Hähne krähten um die Wette. Aus einem Lautsprecher erklang Musik. Hagere Männer saßen an runden Tischchen im Schatten der wenigen Bäume – wie abgeschirmt von der Welt. Im einzigen Laden gab es keine Milch. Ein Fliegenfänger drehte sich unter der Decke. Auf einer Bank schrieb sie eine Karte nach Hause.

Am späten Nachmittag schlenderten wir zum Dorf hinaus. Ein schwarz gekleidetes Mütterchen bot uns Basilikum an, zerrieb ein Blatt auf dem Handballen und hielt mir die Hand unter die Nase. Dem Hund an ihrer Seite fehlte am Rücken ein Stück Fell. Er leckte die Knöchel der Frau und schnüffelte uns nach, triefäugig und alt. Kupfern stand der Hafer im Abendlicht auf den Hangtreppen zwischen den Steinen. Eine Motorpumpe hustete. Disteln, Scherben, zerbrochene Röhren. Ein Ziegenbock zerrte an einem Baumstamm.

Schließlich ging der Weg über in Fels. Alles stürzte ins Meer – das Geröll, das bisschen Erde, das hilflos in Felsspalten greifende Gestrüpp. In einer Bucht machten wir Halt. Das Meer gurgelte um die Kiesel. Hinter einem Fels zog sie ihr Badekleid an und band die Haare hoch. Wir waren verschwitzt und rochen nach Mensch. Lehr mich auf dem Rücken zu schwimmen, forderte sie mich auf. Ich stützte sie unter dem Kreuz. Ihr heller Bauch, die goldenen Härchen, der fein verknotete Nabel. Das Muttermal darauf hatte ich noch nie gesehen. Sie spreizte die Beine, breitete die Arme aus. Der Himmel über uns war leer. Wenn man die Felsen zusammenlegen könnte, sagte sie.

III

*Je nach Lebenslage –
zum Beispiel im Kampf mit Rivalen –
variieren die Laute in Tonhöhe, Intensität und Dauer.
Im alten China hielt man Grillen
oft in kleinen Käfigen,
die man neben sich auf den Nachttisch stellte,
um sich vom melodischen Zirpen
in den Schlaf singen zu lassen.
Die Käfige waren kostbar verzierte Kunstwerke
aus Sandelholz, Jade, Elfenbein oder Gold.*

Wir verabschiedeten uns, als unser Fest noch in vollem Gang war. Der Brautvater brachte uns zum Bahnhof. An unserem vorzeitigen Aufbruch hatte der Herr Professor wenig Freude. An unseren Rucksäcken noch weniger. Wir stiegen ein auf Gleis 11. Unser Zug fuhr um 22.33 los. Gleichzeitig bemerkten wir die Koinzidenz. Sie war 22, ich 33. Uns gegenüber trank ein kleines Mädchen Tee aus einer Thermosflasche. Der Mond weiß alles, sagte es. Er schläft nie. Der Vater der Kleinen schälte Eier. Da und dort flackerten draußen Bauernhäuser aus dem Dunkeln auf. Kühe standen wie angeklebt zwischen Bäumen.

In Venedig bestiegen wir das Schiff. Am Pier feuerte ein Verrückter einen Schuss ab in den Morgenhimmel. Rasch veränderte sich die Welt. Wir standen auf dem Hinterdeck. Vergeblich warteten wir auf Delphine. Sie trug blaue Shorts und wippte mit den Waden. Ich spürte ihren warmen Arm. Wir sprachen wenig. Früh zogen die Sterne auf. In den Punkthaufen suchten wir nach bekannten Bildern.

Als Letzte setzten wir uns in den Speisesaal. Storchbeinige, schmale Kellner bedienten uns, den Kopf leicht schief vom Wünscheablesen. Ich spürte ihre Füße, die Zehennägel. Der Mann am Klavier warf ihr schmachtende Blicke zu und forderte uns zum Tanz auf. So reisten wir durch die Nacht: still und indem wir sitzen blieben.

II

*Den gewöhnlich nächtlichen Gesang
bringen nur die männlichen Tiere hervor.
Er wird durch das Aneinanderreiben
der beiden Vorderflügel erzeugt.
Bei diesem Werben zirpt ein Grillenmännchen
ungefähr 10 000 Mal innerhalb einer Stunde.*

Achten Sie auf die Haut hinter dem Ohr, hätte er dem Pfarrer gern gesagt. Es ist etwas eingeschlossen darin. Ich habe eine Klinge bei mir.

Mit den Jahren war ihre Haut bleich und brüchig geworden. Seinerzeit auf der Hochzeitsreise war sie glatt und weich gewesen, und sie hatte es gemocht, wenn er mit den Fingerkuppen darüber strich.
Gern hätte er erklärt: Sie starb an unserem Hochzeitstag. Mit 44 Jahren. Ich bin 55. Damals war Samstag. Heute ist Freitag.
Oft habe ich nachts auf die Uhr geschaut. Oft zeigte sie 22.33.
Einmal stand ich auf Zehenspitzen in der Küche. Ich hatte Durst, und das Licht ging nicht an. Nur die Digitalanzeige am Backofen leuchtete.
Ein anderes Mal schlug der Wind zwei Ziegel vom Dach. Im Pyjama sammelte ich die Scherben ein im Garten. Unlängst riss mich das Telefon aus dem Schlaf. Die Frau sprach französisch. Sie war falsch verbunden. Merkwürdig, woran man sich erinnert im Leben.

Ich war ihr erster Freund. Eine richtig romantische Hochzeit feierten wir – mit Kutsche und dreistöckiger Torte. Die Zahnassistentin und der Doktorand der Mathematik. Brieftauben stiegen vor der Kirche auf. Sie trug eine weiße Schleife im Haar und einen Schleier, ich Frack und Fliege. Der Brautwalzer geriet uns leidlich.

I

*Grillen. Familie der Langfühlerschrecken.
1200 Arten, wovon sechs in Mitteleuropa.
Leben meist in wärmeren Gebieten.
Artspezifischer »Gesang« (Zirpen).
Eiablage in Ritzen und Spalten.
Mehrere Häutungen, bis aus den Larven
geschlechtsreife Tiere werden.*

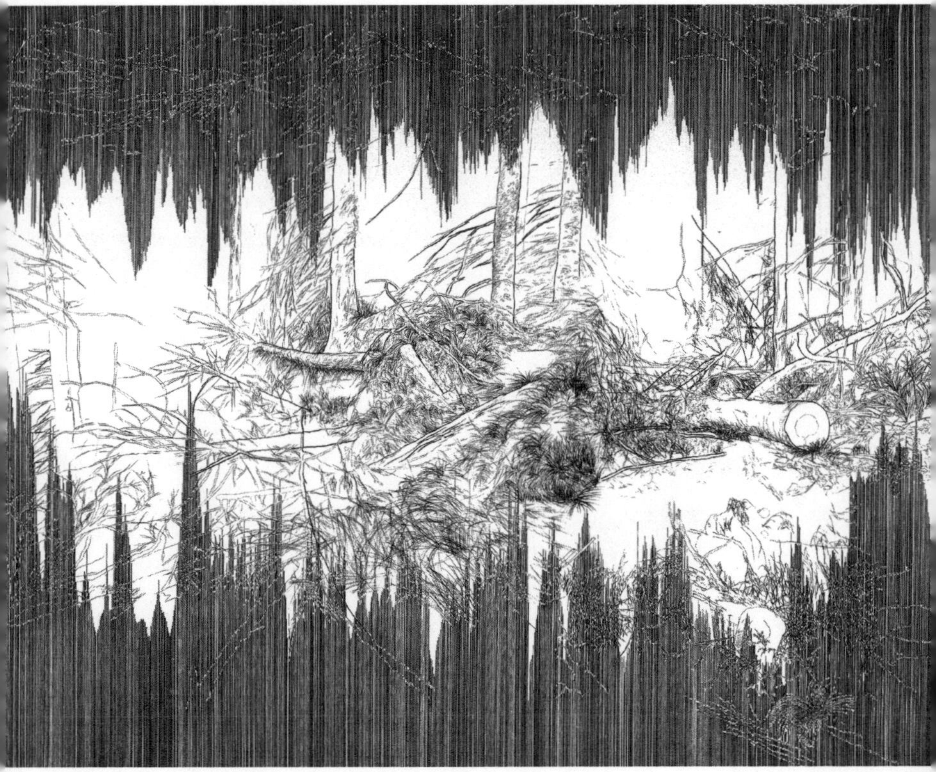

Which Valley Was It?

noch nie so glücklich gewesen ist wie am Vorabend und deshalb die Hand sinken lässt. Das ist die ganze Geschichte. Einundzwanzig Wörter. Wir sehen den Mann vor uns, wissen nichts von seinem Glück und denken es uns doch. Wir kennen das Geheimnis nicht, das es zu bewahren gilt, und machen es doch zu unserem eigenen. Oder der Mann, der nach dem Tod seiner Frau Tag für Tag auf derselben Bank am Waldrand sitzt, ab und zu zusammenzuckt, mit den Armen rudert und nicht merkt, wie die Keimlinge vor seinen Füßen allmählich zu Bäumen werden, der Waldrand die Aussicht auf das Dorf zu verstellen beginnt. Während sie unten im Tal die Welt neu erfinden, blitzt am Waldrand oben spätabends ein Stern, ein Flugzeug fliegt vorbei, oder es blinkt ein Satellit der Amerikaner. Ein paar Zeilen für ein Schicksal. Fast alles wird uns von diesem Leben vorenthalten, und wir wollen kein Wort mehr darüber erfahren. Die Dimensionen des Lochs (oder besser: der Löcher) sind präzis abgesteckt, das Gewebe ist natürlich geflochten. Kein Knoten zu viel. Da ist alles gesagt – und alles verschwiegen, was das Unsagbare meint.

Mehr können und wollen wir als Lesende nicht wissen.

zählt, um die es geht. Vielmehr zeichnet er mit feinen, präzis gezogenen Strichen die Umrisse seiner Figuren und ihrer Welt, mit kurzen Sätzen flicht er ein Netz über das, was ausgespart bleiben muss, weil es nicht zu benennen ist. Nicht um die erzählerische Textur geht es ihm, sondern um das, was sie erahnen lässt. Seine Geschichten zielen mit allen sprachlichen und erzähltechnischen Mitteln auf die Leerstellen. Manchmal scheinen sie nicht größer als ein Punkt zu sein, der immer auch Schmerz und – im doppelten Sinn – Fluchtpunkt ist, manchmal glauben wir das Verschwiegene als eine Abwesenheit größerer Ausdehnung wahrzunehmen, unabsehbar in ihrer Tiefe unter der Oberfläche des Erzählten.

Die Geschichten in diesem Band sind nicht mit Titeln überschrieben und scheinbar zwanglos geordnet. Erst auf den zweiten Blick zeigt sich, dass sich die Anfänge am Alphabet orientieren. Eine Sammlung von Geschichten als Alphabet der Löcher. Vier Buchstaben allerdings fehlen: l,o,c und h – vier Leerstellen, die wiederum ein Loch ausmachen. Wer die Buchstaben kennt, gibt sich Regeln. Wer die Regeln kennt, kann schreiben. Was aber wäre in diesem Zusammenhang ein vollständiges Alphabet, eine Grammatik, mit der sich alles sagen ließe?

Mit Ausnahme von sechs längeren Geschichten sind Markus Ramseiers Texte sehr kurz, einige bestehen gar aus einem einzigen Satz; dennoch begnügt sich der Autor nie mit einem vagen Umkreisen des Zentrums, nie hat sich der Leser mit gewollten Unschärfen oder koketten Andeutungen zu begnügen. Ramseier erzählt punktgenau; er knüpft die Fäden da an, wo sich gerade noch reden lässt über das, was verschwiegen werden muss. Immer hat dieses Erzählen denselben Zweck: die Illusion des Blicks auf das Geheimnis im Zentrum zu konstruieren. Etwa in der Geschichte von einem, der beim Rasieren begreift, dass er nicht zur Anwesenheit. Ein Wechsel der Perspektive allerdings eröffnet andere Möglichkeiten der Annäherung: Löcher sind nur deshalb Löcher, weil sie begrenzt sind. Ihr Rand macht sie zu dem, was sie (nicht) sind, verleiht ihnen eine Quasi-Existenz. Die Ränder sind es, die uns eine sinnvolle Beschäftigung mit Löchern ermöglichen, sie lassen uns Löcher vom Gegenteil her denken. Nicht zufällig ist das Loch – das wesenhaft Leere – sprachgeschichtlich eng verwandt mit dem Schließen eben dieser Leerstelle. Das angelsächsische Verb *lûcan* heißt so viel wie flechten oder knüpfen. Das mittelhochdeutsche *lûchen* meint dann konkreter das Schließen einer Öffnung (etwa eines Hauses), nicht mehr mit Hanf oder Flachs, sondern mit einem Balken oder Riegel. Das englische Verb *to lock* trägt noch heute diese etymologische Doppelbedeutung von Loch und Schließen des Lochs in sich. – Von Randpunkten aus können wir Fäden spannen, Balken legen über die Leere. Die von den Rändern gehaltene Textur lässt uns zwar nicht die Leere füllen, aber sie gibt uns eine Vorstellung von der Dimension des Abwesenden, von seiner Weite und Tiefe, lässt uns das Nichts mit aus den Rändern geschöpftem Sinn überspannen, das Geheimnis erahnen.

Damit ist – entgegen der eingangs behaupteten Unmöglichkeit, über Löcher zu schreiben – ein literarisches Verfahren skizziert, vielleicht das einzige denkbare, das dem Wesen des Lochs als lauter Abwesenheit Rechnung trägt und diese Abwesenheit gerade deshalb erfassbar macht.

Markus Ramseier spannt in seinen Geschichten Fäden über das Unausgesprochene, Unsagbare – immer von den Rändern des Sagbaren aus. Ramseier ist keiner, der Geschichten erzählt; keiner jedenfalls, der in seinen Geschichte die Geschichte er-

Vom Geheimnis der Leere
Vorwort von Andreas Neeser

Über Löcher lässt sich nicht schreiben. – Dabei wäre es tatsächlich nahe liegend, sich über etwas, was uns im weitesten Sinn und in unterschiedlichen Ausprägungen tagtäglich begleitet, auch literarisch zu äußern. Wir graben, bohren, bauen, stopfen und erforschen Löcher, wir fallen hinein, sind häufiger als uns lieb ist konfrontiert mit Löchern in der Wahrnehmung, in der Erinnerung, und ohne die Löcher in unserem Körper könnten wir nicht leben und schon gar nicht für Leben nach unserem Leben sorgen. Die Unmöglichkeit des literarischen Unterfangens liegt denn auch nicht in der existenziellen Wichtigkeit von Löchern begründet; jeder Versuch einer Beschreibung wird naturgemäß scheitern an dem, was das Loch ist: nichts. Das Loch ist nichts als Abwesenheit, lauter Etwas, das nicht da ist. Hier ließe sich mit Recht einwenden, auch das Abwesende sei etwas, so etwas wie negative Anwesenheit vielleicht. Doch dieses Abwesende macht das Loch zwar aus, bloß: Was lässt sich über die Anwesenheit des Abwesenden sagen? – Gedankenspiele. Und hätten sie nicht so viel mit unserem Leben zu tun, wären nicht so viele Augenblicke des Schmerzes, der Entbehrung, aber auch der Geborgenheit und des Glücks damit verbunden, es würde sich nicht lohnen, sich damit zu beschäftigen. Gerade dies ist wohl der entscheidende Punkt: Hier geht es nicht um ein Spiel, sondern um das Leben. Genauer: um ein Stück Leben, das ausgespart bleibt. Um einen Aspekt von Realität, der sich unserer Wahrnehmung und jeder konkreten intellektuellen Auseinandersetzung entzieht. Das mag manchmal beruhigend sein, manchmal bedrohlich – immer aber birgt es eine Faszination, von der wir nicht loskommen.

Von innen heraus lässt sich das Phänomen der Löcher nicht begreifen, das Geheimnisvolle des Abwesenden verhilft ihm

79	Kerzen flackerten
80	Manchmal rieche ich es noch
81	Mein Patenkind lag am Boden
82	Mit den Jahrzehnten
83	Mit gefalteten Händen
84	Nach einer grauen Periode
85	Nachts lädt er im Flughafen
88	Nein, Sensationen gab es nicht
100	Nie hatte sie etwas weggeworfen
101	Passen Sie auf
102	Quer durch den Wald
103	Reglos stand er am Steg
104	Sie saß auf der Kante
105	Täglich drehte sie ihre Runde
106	Unser hoher Gast
107	Village de Dieu
110	Was willst du einmal werden
116	Wenn er morgens
117	Weshalb die Feldbergstraße
118	Xaver S. wusste nicht
119	You know, sagte der Fremde
120	Zeitlebens haben mich die Augen

Inhalt

11	Vorwort von Andreas Neeser
18	Achten Sie auf die Haut
32	Als er beim Rasieren
33	Am Tag, nachdem
34	Ärmel flogen um die Wette
35	Bald bin ich so groß
36	Bäume schneiden
37	Beim Einnachten
38	Bist du denn taub
39	Das Gewebe war fixiert
42	Das ist deine Geschichte
50	Der Kieferknochen der Frau
51	Der Mann am Ecktisch
52	Die Dohle klammerte sich
53	Die Zahl seiner Gebresten
56	Du findest Oskar leicht
60	Du hast zwei Erbsen mehr
61	Er beugt den Oberkörper
62	Früher war die Aussicht gut
63	Fühlen Sie sich hier
64	Gedrungen stand der Jubilar
65	In der trüben Dämmerung
68	In diesem Essraum gibt es wenig
76	Jeden Mittwoch um 14 Uhr
77	Kaum hatte er erkannt
78	Kennen Sie das Sprüchlein

Das Loch ist die einzige Vorahnung
des Paradieses, die es hienieden gibt.

Kurt Tucholsky

Der Autor dankt der Stiftung PRO HELVETIA für die Unterstützung seiner Arbeit.

Die in diesem Buch abgebildeten Tuschzeichnungen von Yehudit Sasportas
sind im Original 140x110 bzw. 160x150 cm groß und zwischen 2002 und 2004
entstanden. (Sommer Contemporary Art, Tel Aviv, Galerie Eigen+Art, Berlin)

© 2004 Wolfbach Verlag Zürich

Gesamtgestaltung und Typografie
Atelier Jean-Marc Seiler, Zürich

Druck und Bindung: Neumann Druck, Heidelberg
ISBN 3-952 2831-9-3

mit einem Vorwort von
Andreas Neeser

und Bildern von
Yehudit Sasportas

Wolfbach Verlag Zürich

MARKUS RAMSEIER
LÖCHER
GESCHICHTEN

Für Helga Zehnder

« Wer sich hier nicht daheim fühlt, braucht einen neuen Kopf. »

ganz herzlich
Martin Suter

10.6.05